떨지 않고
할 말 다하는 법

15분 만에 300억을 따내는
대한민국 1호 프리젠터의 발표는 무엇이 다를까?

떨지 않고 할 말 다하는 법

초판 1쇄 인쇄 2019년 2월 25일
초판 1쇄 발행 2019년 3월 4일

지은이 최현정

발행인 백유미 조영석
발행처 (주)라온아시아
주소 서울시 서초구 효령로 34길 4, 프리스효령빌딩 5F

등록 2016년 7월 5일 제 2016-000141호
전화 070-7600-8230 **팩스** 070-4754-2473

값 14,500원
ISBN 979-11-89089-66-5 (03320)

15분 만에 300억을 따내는
대한민국 1호 프리젠터의 발표는 무엇이 다를까?

떨지 않고 할 말 다하는 법

최현정 지음

RAON BOOK

• 프롤로그 •

대한민국 1호 전문 프리젠터의 도전기

"말 잘하는 방법이 궁금해요."

일을 하다 보면 가장 많이 듣는 질문이 바로 '말 잘하는 비법'이다. 20대부터 현재에 이르기까지 말을 통해 일을 하고 있는 나이지만 돌이켜보면 나 또한 말을 잘하고 싶어서 많은 사람들에게 말 잘하는 비법에 대해 묻고 다녔던 적이 있다. 하지만 처음부터 말을 잘하는 사람은 없다. 나는 이 책을 통해 타고난 달변가는 없다는 것을 이야기하고 싶다. 그래서 책의 콘셉트도 나를 이야기하기에 가장 적합한 문장인 '나의 처음 소통은 모두 실패였다'로 정했다.

많은 사람들은 현재 내 모습을 보고 이렇게 말한다.

"최현정 선생님은 원래부터 발표 잘하셨죠?"

그럴 때마다 나는 멋쩍게 웃으며 발표 때문에 인생에서 발목

잡혔던 옛날이야기를 들려준다.

"아뇨. 저는 발표 공포증도 누구보다 심했고, 목소리도 개미처럼 기어들어가는 사람이었어요. 발표는 정말이지 너무 끔찍했어요."

이렇게 말하면 사람들은 반짝이는 눈으로 내 옛날이야기에 집중한다. 아마도 과거의 내 모습과 비슷한 사람들이 많기 때문이리라. 나는 그 사람들에게 용기를 주고 싶다. 발표는 못하는 것이 아니라 경험이 없기 때문에 못할 수밖에 없는 것이라고.

그래서 이번 기회에 오랜 기간 익혀온 말 잘하는 방법에 대한 지식을 공유하면 좋겠다고 생각했다. 물론 나의 지식이 정답은 아니다. 말을 잘하기 위해서는 개인이 가진 성향을 먼저 파악해야 하고, 부족한 부분을 찾아낸 다음 보강해야 한다. 예를 들어, 동창 모임에서는 유머 넘치는 말솜씨로 분위기를 살리지만 공적인 자리에서는 신뢰감을 주며 발표하는 것을 어려워하는 사람이 있는가 하면, 공식석상에서 하는 발표는 자신 있게 하지만 일상적인 대화는 어색해하는 사람이 있다. 이 책에서 나는 내가 만났던 다양한 사람들의 사례를 소개하고 내 경험담을 함께 나누어 발표 공포증에 대한 해결책을 제시하고자 노력했다.

말을 잘하기 위한 가장 중요한 전제 조건은 발표에 대한 전문 지식이 아니다. 화법도 아니고, 이미지나 제스처 같은 발표 연출법도 아니다. 내가 생각하는 첫 번째 조건은 바로 '용기'다. 나는 사람들이 저마다 마음속에 숨은 용기 하나쯤은 다 가지고 있다고 생각한다. 그러니 말을 잘할 수 있는 조건은 누구나 갖추고 있는 셈이다. 이 책에서 내가 일관되게 주장하는 것도 용기 있는 삶이 중요하다는 철칙이다. 넘어져도 다시 일어나는 용기, 즉 발표 공포증이 생겼을지라도 발표 자리에 다시 서는 용기가 전제되어야 한다. 화법이나 손동작 같은 연출은 그 뒤에 적용하면 된다.

책에는 나의 실패 사례를 최대한 많이 소개했으며, 발표 연출법도 덧붙여 실었다. 모쪼록 나의 실패담이 여러분에게 용기를 북돋워주기를 바란다. 책을 읽는 순간 '이 책의 저자보다는 내가 더 말을 잘할 수 있겠는데?'라는 생각을 여러분이 해준다면, 나는 소기의 목표를 달성한 셈이다. 전문 지식을 써내려가며 정답을 강요하는 것은 내가 원하는 글쓰기가 아니다. 에세이처럼 가볍게 읽어 내려가다가 내 생각에 공감하고 내가 겪은 일에 같이 웃으면서 책장을 덮는 순간, 여러분의 마음속에 '좋아. 나도 한번 다시 도전해 볼까?'라는 생각이 싹튼다면 그걸로 족하다. 그리고 가끔씩 삶이 힘들 때 다시 한 번 꺼내서 읽어보는 책이 되었으면 한다.

• 차례 •

Part 3
청중을 휘어잡는 설득의 기술

Part 1

말 참 잘하는 사람, 프리젠터

타고난 달변가는 없다

숨조차 쉬기 힘든 현장감을 즐긴다

"수고하셨습니다, 최 과장님. 이것으로 3연속 수주네요!"

묘한 긴장감으로 가득한 경쟁 입찰 프레젠테이션 현장에서 나직한 목소리가 들린다. 발표를 끝내면서 현장에 있던 우리 팀원들은 수주를 확신했다. 그리고 며칠 후 들려온 결과는 역시 우리가 '수주'에 성공했다는 소식이었다! 한 달 동안 진행했던 세 건의 경쟁 입찰 프레젠테이션에서 연속으로 수주에 성공하는 것은 나 자신도 믿기지 않을 만큼 놀라운 성과였다.

적게는 몇천만 원부터 많게는 몇백억 원까지 걸려 있는 경쟁 입찰 프레젠테이션에 참가한 5~6개 기업은 사활을 걸 수밖에 없다. 우리 기업이 가진 정보를 빼앗기지 않기 위해 발표 대기 장소에서는 소곤거리는 소리만 들리고 현장의 분위기에 따라 즉석에서 전략을 일부 수정하기도 한다.

모든 감각을 곤두세우고 있어야 하는 현장에서 발표자들은 수없이 봤던 제안서를 보고 또 보고, 나머지 팀원들은 발표 후 있을 질의응답에 대비한다. 간혹 겉으로 여유 있는 모습으로 대기하고 있는 사람이 보이지만, 회사가 준비한 제안을 대표로 발표하는 만큼 속으로는 모두 한껏 긴장한 채 날이 서 있다.

아무리 철두철미하게 열심히 준비했다 하더라도 '끝날 때까지 끝난 게 아니다'라는 말이 딱 어울리는 현장이 바로 경쟁 입찰 프레젠테이션의 현장인 것이다. 이날을 위해 기획부터 제작 그리고 발표에 이르기까지 한 달에서 두 달여 동안 모든 팀원들은 아이디어를 모으고 밤을 새서 준비한다. 그 피날레를 장식하는 발표자의 역할이 바로 프리젠터, 즉 내가 맡은 역할이다.

프리젠터는 주어진 약 15분의 발표 시간 동안 심사위원과 소통하며 그들에게 회사가 준비한 제안을 알기 쉽게 발표한다. 참가한 어느 기업보다 우리 기업의 장점을 부각시키고 왜 우리 기업이어야 하는지를 기승전결에 맞추어 잘 전달해야 한다. 사실 경쟁 입찰 프레젠테이션을 마치고 무대에서 내려오면서부터 이미 기분 좋은 결과를 예상했다. 15분 동안 발표를 듣는 심사위원들의 눈이 반짝였고, 집중력이 흩어지지 않은 채 강조점에 따라 고개를 함께 끄덕이는 모습을 발표하는 내내 관찰할 수 있었기 때문이다.

마지막 클로징을 하는 순간까지 청중은 긴장을 풀지 않는 모습을 보였다. 이렇게 발표 내내 통했다는 느낌이 들면 결과는 거의 '수주'로 이어진다.

프리젠터로 일하면서 내가 항상 들었던 말이 있다.

"어쩜 그렇게 발표를 잘하세요? 타고났나 봐요."

그리고 그런 이야기를 들을 때마다 나는 쑥스러운 미소를 짓는다. 타고나면서부터 발표를 잘했다는 말은 나에게 전혀 어울리는 수식어가 아니기 때문이다.

꿈을 이루고 싶다면 최대한 꿈을 크게 꾸자

고백하자면, 나는 학창 시절, 대학 시절, 취업 준비 시절 모두 '실패'라는 단어를 꼬리표처럼 붙이고 다녔다. 그리고 그 실패는 지금도 여전히 현재 진행형이다. 다시 말해, 나는 처음부터 잘해왔던 사람이 아니라 지금도 좌절을 통해 성장하는 과정에 있는 사람이라는 말이다.

그런 내가 사람들을 만날 때마다 하는 이야기가 있다. '오랫동안 꿈을 그린 사람은 그 꿈을 닮아간다'는 것이다. 나는 15년 전, 막연하게 아나운서가 되고 싶다는 꿈을 꾸었다. 사실 그때는 왜 아나운서가 되고 싶은지, 아나운서가 되면 무엇이 좋은지, 내가 아나운서라는 직업에 잘 어울리는지, 그 일을 정말 좋아하는지 등

별다른 고민 없이 꿈을 정했다. 막연히 여자의 직업으로 봤을 때 그 당시 가장 멋져 보였다는 게 이유라면 이유였다. 다른 직업들도 마찬가지지만, 아나운서라는 직업 또한 꿈을 꾸기는 쉬워도 막상 이루기는 굉장히 어려운 직업이다.

그래서인지 내가 꿈을 꾼 기간만 무려 10년이었고, 아나운서 세계에 발을 들인 후에도 5년 동안 인생의 변화를 누구보다 급격하게 느끼며 지내오고 있다. 인생 그래프를 그려본다면 아주 다이내믹한 그래프가 탄생할 정도다.

나는 초등학생 때는 내성적인 성향 때문에 발표 한번 제대로 하지 못하는 아이였고, 책을 읽어야 하는 시간마다 목소리가 작다며 선생님에게 손바닥을 맞기 일쑤였다. 중학생 때는 사춘기를 겪으면서 공부란 것과 담을 쌓았고, 중학교 3년 동안 친구들과 노는 일에 모든 신경을 집중했다. 고등학생 때는 공부에 재미를 느꼈지만 그동안 놀았던 공백의 시간을 따라잡기 힘들었고, 내신을 위한 시험공부에 집중하는 것이 내가 할 수 있는 한계치였다. 그러다가 운이 좋게 아나운서의 꿈을 키울 수 있는 대학교와 학과에 입학했지만 경상도 사투리와 끼 없는 나의 모습에 또 한 번 좌절감을 느꼈다. 물론 이런 인생 그래프는 아나운서가 되어서도 완만하지 못했다. 아나운서로 승승장구하기보다는 혼나고 깨지고 부딪치면서 배워가는 역정을 밟고 말았으니까.

현재 나는 프리젠터와 강사, 컨설턴트로 발표 무대에 서지만,

늘 잘하는 모습만 보이는 발표자는 절대 아니다. 지금도 여전히 실수하고, 내가 못 해낸 일이 있으면 몹시 후회한다. 하지만 같은 실수를 하지 않으려고 노력하면서 성장하려고 애쓰고 있는 것만은 확실하다.

주변 사람들로부터 '못한다'는 소리를 듣던 아이가 15년이 흐르는 시간 동안 '잘한다'는 소리를 듣는 사람으로 바뀐 것은 나 자신이 꾸준히 성장해왔다는 방증이라고 생각한다.

내가 꿈을 키우면서 가장 잘했다고 생각하는 일은 '꿈을 크게 꾸었다는 사실'이다. 내 지갑에는 3년 후, 5년 후, 10년 후, 30년 후에 이루고 싶은 목표가 적힌 쪽지가 들어 있다. 나는 이 쪽지를 15년 전부터 지갑에 넣고 다녔다. 이것들을 꺼내 들여다보며 꿈을 상상했던 어린 시절의 내가 지금도 또렷이 기억난다. 그리고 신기하게도, 나는 어린 시절 내가 상상했던 모습대로 성장해왔다.

쪽지에 적힌 30대 초반의 꿈은 이렇다.

직장에서 인정받는 모습으로 최고의 몸값을 받는 것.

쪽지를 쓰는 순간만 하더라도 실제로 30대에 그 일이 일어날 것이라고는 생각하지 못했다. 단지 상상하면 기분이 좋아 꾸던 꿈이었다. 그런데 지금, 그 꿈은 현실이 되었다. 나는 현재 감사하게도 업계 최고의 대우를 받으며 일하고 있다. 이것이 쪽지의 힘이다. 꿈을 크게 꾸며 매일같이 들여다보면 종이에 적힌 상상은 현실에 가까워진다.

가끔 많은 분들이 묻는다.

"어떻게 성장할 수 있었습니까?"

나는 그 물음에 항상 이렇게 대답한다. 단지 나는 오랫동안 꿈을 그린 사람이었고 그 꿈을 닮아가고 있었을 뿐이라고.

프리젠터의 일기 #1

7월 15일
프리젠터는 프레젠테이션에
스토리를 입히는 사람!

프리젠터는 프레젠테이션 발표를 전문적으로 하는 사람이다. 그렇다면 프리젠터가 갖추어야 할 역량은 무엇일까? 바로 청중이 듣고 싶어 하는 발표를 할 수 있도록 스토리를 입히는 것이다. 프레젠테이션에 관심을 가진 사람이라면 스티브 잡스(Steve Jobs)의 프레젠테이션을 한 번씩 접해봤을 것이다. 스티브 잡스는 제품이 얼마나 작은지 효과적으로 보여주기 위해서 청바지 주머니를 이용했고, 노트북이 얼마나 얇고 가벼워 휴대성이 좋은지를 보여주기 위해서 서류 봉투에서 노트북을 꺼내 보이기도 했다. 자사 제품에 '아주 작고', '가볍다'는 스토리를 입힌 것이다. 그리고 '작다', '가볍다'라는 주제를 반복 설명하며 클로징까지 그 키워드를 이끌고 갔다. 일관성 있게 이어지는 스토리로 청중들을 설득하고 열광시키는 것이다.

국내에서는 스티브 잡스처럼 CEO가 직접 나서서 프레젠테이션을 하는 경우가 드물다. 하지만 프레젠테이션을 기업 활동에 필수적으로 추가하는 경우는 갈수록 많아지는 추세다. 모든 기업의 영업 활동에는 제안 설명회가 필수 요소가 되었다. 무한 경쟁 사회에서 모든 업체들이 똑같이 합리적인 가격과 좋은 제안을 들고 맞붙기 때문에 예전처럼 가격 우위만 가지고는 고객의 마음을 열지 못한다. 그래서 기업들은 마지막 단계로 제안 설명회를 만들었고, 수주의 확실성을 높이기 위해 전문 프리젠터를 투입하게 되었다.

이러한 이유 때문에 실제로 내가 다니는 회사뿐 아니라 들으면 다 알 만한 대기업들은 기존의 말 잘하는 직원을 프리젠터로 양성하거나 현직 방송인들을 스카우트하여 전문 프리젠터로 채용하는 경우가 많다. 그리고 지금은 아예 처음부터 확실한 채용 절차를 거쳐서 신입 프리젠터를 뽑기도 한다.

프리젠터는 프레젠테이션 현장에서 기업의 대표가 된다. 프리젠터가 하는 말 한마디가 계약 조건이 되고, 고객은 회사의 성실성과 신뢰성을 각 기업의 프리젠터를 통해서 가늠하기도 한다. 하지만 프리젠터는 무대 위에 올라가면 철저하게 혼자가 될 수밖에 없다. 도움을 요청하고 싶어도 무대 위에서 있는 그 순간에는 팀원들과 고객사 모두가 쳐다보기만 할 뿐 도움의 손길을 건넬 수 없다.

일례로 한 사업 제안 설명회에서 어떤 프리젠터가 당황한 나머지 정해진 단가보다 더 손해 보는 단가를 이야기한 일이 있었는데, 프레젠테이션이 끝난 후 해당 기업은 어쩔 수 없이 프리젠터가 말한 단가에 맞추어 손해 보는 장사를 할 수밖에 없었다. 프리젠터의 말 한마디는 곧 회사의 약속이라는 고객사의 강고한 태도 때문이었다. 이런 실수가 없도록 프리젠터는 프레젠테이션을 진행하는 동안 정신을 바짝 차려야 한다. 15분에서 30분간의 시간 안에 성공적인 프레젠테이션을 하기 위해서는 제품을 정확하게 파악해야 하고, 좋은 목소리, 당당한 자세, 의사 결정권자와의 아이 콘택트, 상황에 맞는 제스처 그리고 앞서 언급했던 스토리를 버무려주는 것이 필요하다. 이러한 노력 끝에 프레젠테이션이 완벽하게 끝나면 프리젠터는 누구보다도 벅찬 보람을 느낀다.

나는 프레젠테이션을 가수의 콘서트에 비유하곤 한다. 모든 상황이 100퍼센트 라이브이고 생방송이기 때문에 모든 열정을 쏟아붓고 나면 그만큼 아드레날린을 느낄 수 있기 때문이다. 당신이 아드레날린을 원하는 사람이라면, 당장 프리젠터에 도전해보자!

싸워서 이기는 것이 다가 아니다

가장 가까운 적을 설득하는 방법

"○○전문대 안경광학과에 원서 넣어라."

2004년 대학 입시를 준비하던 나에게 아버지가 던진 말이다. 이 말을 듣고 며칠 동안 분한 마음에 잠도 제대로 이루지 못했다. 원하지 않는 미래를 툭하고 던져준 아버지가 미웠고, 인생을 내 기준대로 설계하지 못하게 하는 명령조의 말이 원망스러웠기 때문이다. 하지만 아버지의 마음이 이해가 안 갔던 것도 아니다. 나는 중학교 시절 시험공부란 것을 한 번도 하지 않았고, 고등학교 시절에도 내신 시험 기간 외에는 친구들과 어울려 다니기에 바빴다. 말 그대로 '실컷, 놀 만큼 논' 학창 시절을 보냈다.

그래서 처음에는 아버지 말씀에도 일리가 있다고 생각했다.

아직 라식이나 라섹 같은 시력 교정술이 보편화되지 않았던 2004년만 해도 안경학과의 인기는 높았다. 전문적인 기술을 배워 경력을 차근차근 쌓으면 평생 먹고 살 걱정이 없었기 때문이다.

그러나 나에게는 아나운서라는 꿈이 있었다. 그 꿈은 고등학교 때 선생님이 툭 던진 한마디에서 시작됐다.

"현정이는 아나운서 하면 잘 어울리겠다."

이 말씀에 나는 아나운서라는 직업에 관심을 가지게 되었고, 아나운서가 하는 일을 찾아보며 매력을 느꼈다. 하지만 아나운서가 되기 위해서는 갖춰야 할 지식과 덕목이 너무나도 많았다.

아나운서는 놀기 좋아하는 나와 어울리지 않는다며, 이제부터라도 기술을 배워서 훌륭한 안경학도가 되라는 아버지의 말씀은 어떻게 보면 굉장히 합리적인 판단으로 보였다. 당연히 이해할 수 있는 말씀이었다. 이런 아버지를 설득하기 위해서는 열심히 공부하는 모습을 보여드리는 것뿐 아니라 탄탄한 결과도 직접 보여드리는 수밖에 없다고 생각했다. 강경하게 고집만 내세우고 맞서면 분명 아버지가 믿어주지 않을 게 뻔했다. 또 그렇게 고집으로 이기게 된다면 평생 아버지께 인정받지 못할 것만 같았다.

나는 아버지가 평소 가장 좋다고 여겼던 경상도의 국립대학교 한 곳과 내가 가고 싶었던 수도권의 대학교 두 곳을 목표로 하여 집중적으로 대학 입시를 준비했다. 수도권의 대학교를 준비했던 이유는 아버지와 가능하면 멀리 떨어져서 꿈을 키워보고 싶은 마음이 있었기 때문이다. 내신 관리를 잘한 덕인지 다행히 세 곳의 대학교에서 모두 '합격' 통보를 받았다. 딸이 놀기만 좋아할 뿐 끈기가 없을 것이라고 생각했던 아버지는 당신이 상상했던 것보다 좋은 결과가 나오자 나보다 더 기뻐하며 어디든 가고 싶은 곳으로 입학하라고 내 꿈을 응원해주었다.

결과를 보여주면 응원으로 돌아온다

하지만 나중에 들어보니, 아버지는 당시 내 꿈을 완전히 응원한 것이 아니라 '어디 한번 해봐라. 녹록하지 않을 것이다'라는 마음이 더 크셨다고 한다. 그래서인지 아나운서로 가는 길이 힘들 때마다 아버지는 변치 않고 내 꿈을 좌절시키려고 하셨다.

스물다섯 살이 되던 해, 졸업을 하면서도 취업을 하지 못하자 아버지는 내게 아나운서의 꿈을 버리고 기업체에 취업하라고 말씀하셨고, 한때는 실제로 아버지의 말씀에 따라 중소기업 홍보팀에서 일한 적도 있다. 그러다 도저히 꿈을 버리지 못해 회사를 그만두고 나왔을 때, 아버지는 내게 아나운서는 역시 너에게 어울리지 않는다며 내 꿈을 버리라고 종용하셨다. 그 뒤로는 대기업 영업직, 경영 관리직 등의 면접을 수없이 보고 다녔다.

아버지가 되어서 딸의 꿈을 응원해주지 않는다는 것은 어떻게 보면 너무 가혹하게 보일 수 있다. 그러나 나는 오히려 아버지가 날 믿어주지 않을 때마다 "아, 또다시 내가 열심히 해서 아버지에게 결과물을 보여드릴 수 있는 기회가 왔구나"라고 긍정적으로 생각했다. 나는 이미 아버지를 설득하는 데 성공한 적이 있었기에, 이번에도 충분히 아버지를 설득할 자신이 있었다. 단순한 고집이 아닌 결과로서 할 수 있다는 믿음을 보여주면, 누구라도 나를 응원해준다는 확신을 아버지를 통해 배운 셈이었다.

그 뒤로 나는 누구를 설득할 때마다 결과를 만들어서 신뢰를 쌓고 있다. 어린 나이였지만 열심히 하는 모습을 보인 덕분에 크고 작은 사회생활을 경험하면서 직장 상사들뿐만 아니라 주변 팀원들로부터 항상 긍정적이라는 평가를 받기도 했다. 더불어, 나를 믿고 일을 맡기면 결과를 보여주는 법을 안다며 몸담는 회사마다 충분한 인정을 받았고, 일을 그만둔 뒤에도 몇 년째 좋은 관계를 유지하며 돈독하게 지내고 있다.

싸워서 이기는 것은 정답이 아니다. 인생은 한 번뿐이고 내 인생은 소중하기에, 하고자 하는 바를 이루고야 말겠다고 다짐하는 것은 당연하다. 그렇지만 이를 이루기 위해 싸움을 선택하기보다는 상대방을 설득시킬 수 있을 만한 요소를 찾고 노력해서 결과를 보여주는 방법을 택하는 것이 훨씬 지혜로운 행동이다. 싸우는 것보다 설득을 통해 인정받아 상대를 이기는 것은 나 자신을 훨씬 더 뿌듯하게 만들어준다. 그리고 그것이야말로 진정한 승리다.

아무래도 포기하는 게 낫지 않겠어?

가장 듣기 싫은 말, "포기하는 게 어때?"

아버지의 반대를 '대학교 합격'의 결과로 보여드리며 나는 수도권의 한 대학교 언론정보학과에 입학했다. 그리고 곧 파란만장한 꿈을 펼칠 수 있을 것 같은 기분에 사로잡혔다. 그 당시 내 나이 갓 스무 살, 비로소 아나운서로의 길에 한 발짝 다가갔다고 느꼈지만 그 꿈이 와장창 깨지는 순간은 순식간에 다가왔다.

3월 개강 후 첫 수업은 아나운서 교수님으로부터 스피치 방법을 배우는 시간이었다. 그 수업은 내가 아나운서 지망생으로서 가장 듣고 싶은 강의이기도 했다. 설레는 마음으로 강의실에 들어갔다. 첫 수업이었기에 학생들이 한 명씩 앞자리에 나가서 마치 뉴스 앵커처럼 자리를 잡고 자기소개를 하는 시간을 가졌다. 그리고 그 자기소개는 모두 녹화되어 카메라에 담겼다. 다들 자신의 꿈과 비전을 말했고 나 또한 두근거리는 마음으로 '아나운서가 되고 싶다'는 원대한 목표를 주제로 자기소개를 마쳤다.

학생들의 소개가 모두 끝나자 카메라에 찍힌 자신의 모습을 돌려보는 시간이 되었다. 다른 사람들의 모습을 객관적으로 바라보며 내 모습은 카메라에 어떻게 비칠까 내심 긴장한 순간, 나는 영상으로 흘러나오는 내 모습을 보며 경악을 금치 못했다. 화면 속에는 큰 얼굴과 광대를 가진 어떤 여자가 부산 사투리를 쓰며 힘이라고는 전혀 없는 목소리로 자기소개를 하고 있었다. '저런 모습으로 내가 아나운서가 되고 싶다는 말을 했다니!' 하는 생각에 나는 영상이 흘러나오는 3분가량 고개도 제대로 들지 못했다. 게다가 영상을 본 교수님은 나를 향해 이렇게 말했다.

"목소리가 너무 떨리고 톤이 불안정해. 게다가 사투리도 심하군. 이 정도 사투리는 고치기 힘들 텐데……. 사투리를 고치지 않으면 지역 아나운서에 채용되기도 힘들 거야. 게다가 표정이나 외모에서도 메리트가 있어야 하는데…… 너무 평범하고."

스스로 느끼는 자신감 박탈에 이어 포기하라는 듯한 교수님의 말씀을 들으니 충격이 더 커졌다. 함께 수업을 듣는 학생들이 나를 바라보는 시선이 부끄러웠고, 강의실을 뛰쳐나가고 싶은 생각뿐이었다. 그 당시에는 '어떻게 하면 이 수업을 안 들을 수 있을까?'라는 고민도 많이 했다.

꿈의 무게는 행복한 삶과 비례한다

고등학생 때 막연하게 품었던 아나운서라는 꿈. 이 꿈의 무게가 이렇게 무거울 줄은 나는 상상도 하지 못했다. 다른 청춘들도 나와 비슷할 것이다. 하고 싶은 일을 정하고, 직업을 꿈꾸고, 그 꿈을 실현시켜 나갈 때 그들도 나와 같은 경험을 할 것이다. 청춘이라서, 단지 하고 싶다는 생각으로 꿈에 다가가지만 현실은 절대 녹록하지 않다. 그래서인지 일부 청춘들은 몇 번 도전해보고 1년도 채 되지 않아서 꿈을 너무 쉽게 포기해버리고 만다. 그들은 다들 이렇게 말한다.

"현실적으로 너무 힘들어요. 저는 재능이 없나 봐요."

그러고는 마음이 썩 끌리지는 않지만 얼마쯤은 더 쉬운 쪽으로 방향을 틀어 취업 전선에 뛰어든다. 그들의 선택이 틀렸다고 생각하지는 않는다. 무엇이 맞는 선택인지 내가 알 수는 없으니까. 또 꿈을 포기하고 다른 길로 간다고 해서 행복하지 않은 것도 아니니까. 분명히 행복에도 2순위, 3순위가 있다.

하지만 나에게 아나운서는 절실한 꿈이었고, 이 꿈 외에는 절대 다른 길로 가고 싶지 않았다. 만약 다른 길을 간다고 하더라도 아나운서를 해보지 못했다는 후회가 평생 밀려올 것만 같았다. 그래서 나는 굳건한 의지로 사투리를 고치는 것을 첫 번째 숙제로 삼았다. 가장 먼저 한 일은 성능 좋은 녹음기를 산 것이었다. 그러고는 녹음기를 늘 목에 걸고 다니면서 하루 동안 내가 하는 말과 듣는 말을 모두 녹음했다. 내게는 내 음성이 다른 사람에게 어떻게 들리는지, 또 표준어를 사용하는 다른 사람과의 차이점은 무엇인지 파악하는 것이 가장 우선이었다. 하루 일과를 끝낸 후 매일 여덟 시간 동안 녹음된 내 음성을 듣는 일상이 반복됐다. 그리고 그 시간이 축적되면서 나는 표준어와 사투리의 아주 작은 차이점까지도 알아챌 수 있었고, 습관적으로 나오는 하나의 음을 제외하고는 모든 사투리 어조를 고쳤다. 내가 가진 습관적인 하나의 음은 바로 오빠, 언니, 엄마를 말할 때 'ㅇ'의 음이 높게 튀는 것이었는데, 나는 이 음을 고치는 데에만 자그마치 8년이 걸렸다.

돌이켜 생각해보면 나는 고난이 많았기 때문에 도리어 다른 사람들보다 두 배, 세 배로 성장할 수 있었다. 사람의 발전은 부족한 것을 깨닫고 개선해보고 싶다는 생각을 할 때, 혹은 자신의 실수를 부끄러워할 때 진정으로 발휘된다. 따라서 못하거나 실수를 했다는 것은 절대 부끄러운 일이 아니다. 그것을 알면서도 인정하지 않고 개선하지 않는 모습을 유지하는 것이 부끄러운 일이다.

인생은 단 한 번이다. 하고 싶은 일을 하자

"You Only Live Once."

줄여서 'YOLO(욜로)'라는 말이 젊은이들 사이에서 유행하고 있다. 욜로는 '인생은 한 번뿐'이라는 뜻으로 나 또한 이 말에 전적으로 동의한다. 그러나 '욜로'라고 해서 갖고 싶은 모든 것을 사고 누리라는 말은 아니다. 한 번뿐인 인생, 내가 원하는 대로 사는 것이 진정한 '욜로'의 의미라고 생각한다.

이런 가치관 때문인지 나는 비록 재능이 없더라도 하고 싶은 것을 이루며 살아야겠다고 다짐하며 산다. 꿈을 포기하는 순간 그 꿈은 감당할 수 없을 만큼 내 안에서 커지고, 아주 커다란 후회로 밀려올 것을 알기 때문이다. 내 주변을 보더라도 이런 종류의 후회를 하는 친구들을 자주 볼 수 있다. 이들의 후회는 주로 친구들과 만나는 자리에서 신세 한탄의 형식으로 나온다.

"내가 그때 한번만 더 도전해봤어도 지금처럼 살지 않았어."

"나는 그거 할 수 있었는데 부모님이 도와주지 않았어."

이 말들에는 모두 지금의 인생을 부정적으로 바라보는 공통점이 있다. 또 꿈을 이루지 못한 것을 두고 다른 사람 탓을 하거나 핑계를 댄다는 공통점도 있다. 사람에게 가장 무서운 것은 부정적인 마음이다. 특히 이런 마음은 인생에서 어떤 시련들을 맞이하게 됐을 때 자연스럽게 자신감 결여로 이어진다.

꿈이 무너져도 솟아날 구멍은 있다

핀란드에서 가장 유명했던 기업이 있다. 바로 휴대전화 제조업체 '노키아'다. 1998년 노키아는 미국 모토롤라를 제치고 세계 1

위의 휴대전화 제조업체로 올라섰다. 당시 핀란드 대학생들의 장래 목표는 대부분 노키아에 입사하는 것이었다. 노키아는 2011년까지 휴대전화 분야에서 시장 점유율 1위를 차지하며 핀란드 경제를 이끌었지만, 스마트폰으로 변하는 시장의 변화에 발 빠르게 대응하지 못하다가 2013년 휴대전화 사업이 마이크로소프트에 인수되면서 몰락의 길을 걷기 시작했다. 노키아의 부진과 함께 노키아에 의존하던 핀란드의 경제도 함께 무너졌다. 이에 핀란드는 대한민국의 IMF 때처럼 대량의 실업 사태까지 겪게 된다. 더불어 노키아만 바라보며 취업을 준비했던 젊은 대학생들은 한순간에 갈 곳 없는 낙동강 오리알 신세가 되었다. 하지만 이러한 어려움이 오히려 일부 젊은 대학생들에게는 자기 인생을 스스로 개척해야 한다는 동기 부여로 작용했고, 창업을 통해 어려움들을 극복하겠다는 분위기를 조성하는 역할을 했다.

이런 배경에서 탄생한 박람회가 바로 매년 11월 헬싱키에서 열리는 '슬러시(SLUSH)' 축제다. 2008년에 시작된 이 행사는 해를 거듭하면서 세계적인 스타트업 행사로 자리를 잡아갔으며, 이를 계기로 핀란드는 청년 창업 강국으로 전 세계의 주목을 받고 있다.

스타트업 컨퍼런스는 벤처기업과 투자자가 만나는 모임이라, 원래 딱딱하고 의례적인 행사가 주를 이루는 게 보통이다. 그러나 핀란드 젊은이들은 이런 고정관념을 벗어나 박람회장을 한바탕 축제 마당으로 바꾸었다. 화려한 레이저광선을 쏘아올리고, 오프닝 무대에서는 북유럽 신화를 주제로 진짜 불길을 치솟게 한다. 행사 주체는 대기업이 아닌 대학생들이며, 진행 요원도 모두 자원봉사자들로 이루어진다. 스타트업에 참가하는 기업가들은 축제가 열리는 이틀 동안 배틀을 하듯 회사를 홍보하며, 투자자들은 좋은 기업을 고르기 위해 눈빛을 반짝인다. 2018년에 열린 슬러시에는 전 세계 130개국에서 3,100명의 신생 기업과 1,800명의 투자자, 650명의 언론인이 참가했다. 참석자만도 2만 명에 달해, 명실 공히 세계 최대의 스타트업 박람회임을 다시 한 번 입증했다.

전 세계에서 가장 큰 스타트업 축제가 된 슬러시의 현란한 무대의 모습(※ 출처: SLUSH 홈페이지)

포기하지 않는 마인드가 새로운 희망을 싹 틔운 사례는 우리 주변에 많다. 나 또한 그 사례 중 하나다. 나는 지금도 내 인생에서 일어나는 곤경을 즐긴다. 즐거워서 즐기는 것이 아니라 이 곤경을 통해 인생이 더 발전해간다는 사실을 알았기 때문이다. 포기하지 않는 한 인생에 실패는 없다. 또 실패를 개선하면 실패는 더 이상 실패가 아닌 성공이 된다.

내 인생,
단 한 번 흔들렸던 순간

가장 무서운 것은 사람

앞서 꿈을 포기하지 말라고 했지만 나도 감정에 흔들리는 사람이다. 모두가 'NO'라고 할 때 'YES'라고 말하는 사람은 멋있다. 하지만 안 되는 일에 계속 도전하는 것이 무모하다는 것도 나는 알고 있다. 안 될 거라던 교수님의 말씀을 시작으로 부모님 그리고 주변의 시선까지 내가 꿈을 이루게 될 것이라고 긍정적으로 봐주는 사람들보다 아닌 사람들이 더 많았다.

내가 가장 힘들었던 것은 '너는 안 될 거야'라는 시선 속에서 도대체 얼마나 많은 도전을 해야 하는지, 노력은 또 얼마나 많이 해야 하는지의 기준이었다. 노력하면 언젠가 될 수 있다고 하지만 그 당시 나는 단지 하고 싶다는 무모함으로 밀고 나갈 뿐이었다.

그 무모함이 꺾인 순간은 대학 졸업을 앞두고 찾아왔다.

'나는 과연 꿈을 잘 정한 것일까?', '내 꿈에 대해 후회하지 않을 자신이 있을까?', '내가 과연 할 수 있을까?'라는 두려움이 나를 사로잡았고, 나는 아무도 날 알지 못하는 곳으로 도망치고 싶었다. 그렇게 나는 2010년에 무작정 영국으로 떠났다. 어학연수도 워킹홀리데이도 아닌 맨 몸으로 4개월여의 기간을 잡고 떠났고, 영국에서 할 수 있는 일이 무엇인지는 도착한 후부터 고민해야겠다고 생각했다. 영국이어야만 했던 이유는 없었다. 아무 목표 의식 없이 그 당시 가장 가고 싶은 곳이 영국이어서 영국을 선택했을 정도로 당시 내 마음은 약해져 있었다.

적지만 모아둔 돈을 탈탈 털어 영국에 도착한 후, 일주일 정도 시내를 돌아보며 구경했다. 그러다가 우연히 들어간 한 의류 매장에서 나는 충격에 휩싸였다. 마음에 드는 옷을 입어보려고 피팅룸에 갔는데, 몇 벌을 입어볼 것이냐는 직원의 영어 질문이 하나도 들리지 않았던 것이다. 항상 배워오던 미국식 발음이 아닌 영국식 발음은 나를 한순간에 영어 문외한으로 만들었다.

그렇게 의사소통이 되지 않은 채로 숙소에 돌아온 나는 드디어 영국에서 할 일을 찾았다는 생각에 쾌감을 느꼈다. 목표는 영국 발음 제대로 배우기! 공허한 내 마음에 오랜만에 목표 의식이 생겼다. 나는 곧바로 대학교 게시판에 붙일 공고문을 쓰기 시작했다. 제목은 "한국 문화를 공부하고 싶은 사람을 찾습니다"였다.

내가 게시판에 붙였던 공고문과 타만나가 보낸 문자 메시지

한류나 한국어 등 관심 분야를 함께 공유해보자는 내용의 문서를 열 장 만들어 다음 날 런던 시내의 한 대학교 게시판을 돌며 한 장씩 붙였다. 과연 연락이 올지 의문이 들었던 것도 잠시, 공문을 다 붙이고 집에 도착한 순간 휴대전화에 문자가 들어왔다. 93년생인 런던대학교 학생인데 한국 아이돌에 관심이 많으며 한국어도 배워보고 싶다는 내용이었다. 그렇게 나는 그 학생과 다음 날 만남을 가졌고, 타만나라는 이름의 그 학생 집에도 초대받아 식구들과도 스스럼없이 어울렸다.

(왼쪽) 타만나의 집에 초대받아 갔을 때 그녀의 가족과 추억에 남을 사진을 찍었다.
(오른쪽) 타만나는 가족들과 한국에 놀러오기도 했다. 타만나는 특히 한국의 길거리 음식을 즐겼다.

타만나는 나에게 영국식 영어와 발음을 가르쳐주었고 나는 한국어를 알려주며 4개월 동안 먼 타지에서 전혀 외로움을 느끼지 않을 정도로 우정을 나눴다. 그 이후 타만나는 가족들과 함께 한국을 두 번 이상 방문하며 대단한 한국 사랑을 보였고, 현재도 꾸준히 연락을 주고받으며 좋은 우정을 이어가고 있다.

타만나의 도움으로 영어에 자신이 붙은 나는 한 달 남짓한 유럽 배낭여행 프로그램에 과감히 도전했다. 그 프로그램은 자유 배낭여행이 아니라 18세부터 35세까지의 전 세계 청년들과 어울려 떠나는 여행이었다. 다국적 배낭여행인 만큼 모든 일정이 영어로 진행되었으며 세계 각지에서 모인 사람들이 서로의 문화를 이해하면서 여행하는 것이라 무척 매력적이었다. 오스트레일리아, 브라질, 콜롬비아, 미국, 독일 그리고 새롭게 만난 다른 한국인 친구들까지, 나는 이 여행을 통해 많은 친구들을 사귀었고 그들의 이

다국적 배낭여행은 내 시야를 전 세계로 넓혀주었다.

야기를 들으며 사람마다 추구하는 삶의 가치가 다르다는 것을 배웠다. 그 친구들과 함께 나폴리의 밤거리를 배회하기도 했고, 베네치아의 상징인 가면을 쓰고 클럽 파티를 즐기며 진정한 청춘을 즐긴 것은 훌륭한 덤이었다.

세계 각지의 친구들을 만나 그들의 문화에 관심이 생긴 나는 그해 여름, 내 인생의 전환점이 될 봉사 활동을 하게 되었다. 유네스코 세계문화유산 대한민국 대표 홍보 단원으로 선출되어 두 달 동안 아프리카 토고에 다녀온 것이다. 이 활동에서 나는 유네스코 세계문화유산으로 선정된 토고의 진흙집 '타타(TATA)'를 전 세계에 홍보하는 역할을 맡았다. 영어를 배우고 다른 나라의 문화를 배우며 더 큰 세계를 경험해보고자 영문 이력서와 자기소개서를 준비해 200 대 1의 경쟁률을 뚫은 것은 나에게 큰 성과였다.

하지만 아프리카, 그것도 2006년 월드컵에서 대한민국과 맞붙었던 것 외에 정보가 거의 없는 토고에 도착했을 때 나는 내 눈을 의심할 수밖에 없었다. 봉사 단원의 숙소는 허허벌판 위에 있는 창고와도 같은 공간이었고, 그 안에서 세계 각지의 대표들은 곰팡이가 핀 노란 스펀지를 매트리스 삼아 잠을 청했다. 설상가상으로 스펀지의 곰팡이에서는 벌레들이 스멀스멀 기어 올라오기 일쑤였다. 게다가 화장실도 제대로 갖춰져 있지 않았을 뿐더러 당연히 샤워 시설도 없었다. 나는 매일 우물물을 퍼 올려 사람이 없는 구석에서 쪼그려 앉아 고양이 세수를 했다. 제대로 씻지 못해 항상

(왼쪽) 토고에서는 이 얇고 낡은 스펀지가 나의 유일한 잠자리였다.
(오른쪽) 하루 세 끼를 이렇게 먹고 나니 얼마 지나지 않아 영양실조가 찾아왔다.

처럼 레게로 땋아서 두 달을 버텼다. 먹을거리도 충분하지 않아 옥수수 가루 한 줌을 물에 개어 먹는 생활 때문에 배가 볼록하게 나오는 영양실조를 경험하기도 했다. 이 환경에서 나는 더 이상 버틸 수 없을 것 같았다. 그리고 이제야 밝히지만, 그 당시 나의 일기장에는 "누가 119 좀 불러줘"라는 글이 매일같이 적혔다.

그런데 일주일이 지나자 이 생활도 점차 익숙해졌다. 누군가와 경쟁을 하지 않고 비교당하지 않는 삶이 이다지도 평온한 것임을 깨닫게 된 것이다. 토고의 세계문화유산을 홍보하는 시간은 하루가 부족할 만큼 바쁘게 흘러갔다. 하지만 그 와중에도 느티나무 밑에 누워서 나뭇잎이 솨아 하고 흩날리는 소리를 들으며 유유자적한 시간을 보냈고, 오후의 틈새 시간에는 토고 아이들과 함께 어울려 뛰놀았다. 아이들의 놀이 문화는 세계 어느 곳이든 웃음과 발랄함이 넘쳐흘렀다.

(왼쪽) 햇볕에 까맣게 그을린 팔이 보여주듯, 나의 토고 생활도 점차 익숙해졌다. 저 토끼가 식용이라는 사실을 나는 한참 뒤에 알았다.
(오른쪽) 토고의 아이들은 그림 그리는 것을 무척 좋아했다.

일과가 끝난 밤에는 집집마다 문을 두드리며 댄스 배틀을 벌이기도 했다. 가장 좋았던 시간은 밤하늘을 쳐다보는 시간이었다. 같이 간 홍보 단원들과 함께 하늘의 별이 실제로 커지고 작아지면서 반짝이는 모습을 쳐다보고 있으면 날이 새는 줄도 몰랐다.

한국에 있을 때는 하루가 너무 빨리 지나간다고만 생각했다. 그런데 아프리카에 와서 보니 하루도 1년같이 보낼 수 있다는 것을 알았다. 다른 사람들과 비교하며 '그래, 지금은 이것을 할 시기야. 멈추면 안 돼'라며 따라하지 않다 보니 내 시간은 오롯이 나만을 위해 쓰게 되었다. 토고에서 보낸 두 달 동안, 나는 내가 진정으로 좋아하는 것이 무엇인지 찾으며 인생의 전환점을 맞이할 수 있었다.

가장 고마운 것도 사람

내가 영국으로 도망쳐올 만큼 마음이 약해졌던 것은 다른 사람들과의 비교에서 온 박탈감 때문이었다. 하지만 그 시간을 통해서 '결국 내 모습은 내가 만들어간다'는 말의 참된 의미를 돌이켜 볼 수 있었다. 그렇게 봉사가 끝난 후 나는 홀로 아프리카 일주를 했다. 자기 키보다 큰 배낭 두 개를 멘 작은 동양 여자를 위해 열 명도 넘는 아프리카 사람들이 택시를 잡아주던 일, 우연히 만난 한국의 한 교수님이 설탕 봉지를 손에 쥐어준 일, 그 봉지 안에 50달러와 함께 "여행의 끝까지 힘내요!"라는 감동스러운 쪽지가 들어 있던 일 등 잊지 못할 많은 추억들이 내 아프리카 여행길에 동행했다.

영국으로 떠나고, 배낭여행으로 유럽을 일주하고, 토고에서 자원봉사를 한 경험 들에는 공통점이 있다. 모두 사람을 통한 경험이라는 것이다. 내 꿈이 주변 사람들의 시선에 흔들렸던 순간도 사람 때문이었지만, 마찬가지로 나를 일으켜 세워준 것도 사람이었다. 나를 부족하게 바라봤던 사람들도 있었지만, 또 다른 공간의 사람들은 나를 있는 그대로의 최현정으로 보고 있었다.

사람은 사람을 통해 성장한다. 가끔은 다른 사람과 비교하면서 성장하기도 하고, 다른 사람을 이기면서 성장하기도 한다. 하지만 무엇보다 사람에게 가장 큰 성장의 원동력이 되는 것은 사람들끼리 서로 기댈 때다. 한자 사람 인(人)이 서로에게 기대어 있는 모습을 형상화한 것처럼 말이다. 누구보다 흔들렸고 자신이 없었지만 사람이 사람에게 긍정적인 영향을 끼친다는 것은 나에게 큰 재산이 되었다. 긍정적인 생각이 내 안을 채웠을 때 무언가를 하고 싶다는 목표 의식들이 생겨났다. 그리고 그것들을 하나씩 성취하면서 자존감이 상승하고, 할 수 있다는 믿음으로 이어진다는 것도 알게 되었다.

수많은 점들이 선으로 되는 순간

인생의 목표를 세웠다면 굳이 큰 것부터 실천하지 않아도 괜찮다. 내가 할 수 있는 것부터 시작하면 인생의 목표에 차근차근 다다를 수 있다고 나는 생각한다. 나는 꿈을 일찍 정한 편이다. 고등학생 때 이미 어떤 직업을 택할지 목표를 세웠으니 말이다. 그래서 다른 꿈을 생각해본 적이 없었다. 그런데 다른 직업에 대한 고민을 안 해봤다는 것이 나를 더 혼란스럽게 만들었다. 세상에는 워낙 좋은 직업이 많았기 때문이다.

요즘 대학교에 강의를 나가다 보면, 학생들도 어린 시절의 나와 그다지 다르지 않음을 많이 느낀다. 자신이 좋아하는 일과 잘하는 일에 대한 고민을 철저하게 하지 않는다. 취업 자체가 힘들기 때문에 취업만이 목표가 될 뿐, 취업 후에 직업적 가치에서 찾는 자신의 행복을 돌아볼 여유가 없다. 그런 그들을 볼 때면 나 자신도 '10년만 늦게 태어났다면 취업을 하는 것만이 절실한 인생의 목표가 되었을 수도 있겠구나'라는 생각을 하게 된다. 그래서인지 학생들에게 "좋아하는 일을 하세요. 꿈을 포기하지 마세요"라는 말도 감히 할 수 없다. 하지만 이 말은 꼭 한다.

"내가 좋아하는 일을 작게나마 하다 보면 그 목표는 자연스럽게 열립니다. 그리고 아무리 커다란 목표라도 분명 이뤄낼 수 있습니다. 할 수 있다는 믿음이 가장 중요한 것입니다."

실제로 나는 모든 여정을 마치고 다시 한국에 돌아오면서 생각했다.

'그래, 꿈을 포기하지 말자. 하니까 되잖아.'

두려운 마음이 시작되면 더욱 앞으로 전진하자. 목표가 없어도 좋다. 전진하다 보면 목표는 저절로 생기기 마련이고, 이 목표들을 하나씩 성취하면서 인생은 더 좋은 방향으로 나아갈 수 있다. 움츠러들지 말자. 그 순간마저도 당신은 언제나 할 수 있다.

다른 사람의 뒤를 쫓지 마라

200번이 넘는 이력서 작업, 50번이 넘는 면접 현장

나의 아나운서 도전기는 눈물로 시작해서 감동으로 끝난다. 8년 전의 나는 매일같이 이력서를 적고, 카메라 테스트를 연습했으며, 수없이 많은 면접에서 탈락했다. 연도별로 정리한 컴퓨터 폴더에는 총 200개의 이력서가 저장되어 있다. 나는 지금도 이 폴더를 절대 지우지 않는다. 초심을 기억하게 해주기 때문이다.

면접 때는 성형 수술 제안까지 받은 적도 있다. 어떤 사람은 내 얼굴을 빤히 보며 견적을 내주기도 했다. 그때는 그게 잘못된 조언인 줄 몰랐다. 성형을 하면 아나운서가 될 수 있을 것만 같아서 친구들과 몇 번이나 성형외과, 피부과에 가서 상담도 받았다. 그렇게 몇십 번의 눈물 나는 면접 끝에 아나운서로의 기회를 잡을 수 있었다. 그중에서도 가장 기억에 남는 순간이 있다. 바로 리포터 경험이다.

지역 축제 리포터로 나의 리포터 인생은 막을 내렸다

지역 축제 리포터 활동을 하면서 포도 축제 촬영을 위해 지방에 간 적이 있다. 그때 포도즙이 가득 찬 곳에서 누리는 와인 족욕, 싱그러운 포도를 따 먹는 연출, 가족 나들이객을 향한 인터뷰 요청 등으로 나는 축제 현장을 바쁘게 누비고 다녔다. 일곱 시간 동안 이어진 촬영에 나의 신발은 앞창이 떨어져 엄지발가락이 보일 정도로 망가졌다. 그 모습을 PD에게 들키지 않기 위해 엄지발가락을 최대한 안으로 밀어 넣어서 절뚝거리며 걷기도 했다. 구두를 새로 사러 갈 시간도 없었을뿐더러 촬영 진행에 최대한 피해를 주고 싶지 않았다.

그렇게 불편한 모습으로 정해진 대본 하나 없이 큐사인이 떨어지는 순간 모든 것이 즉흥적으로 진행됐다. 방송 경험이 많지 않던 나는 그런 연출이 어려웠다. 내가 오프닝을 하며 이름을 말할 때마다 축제 현장의 사람들이 동그란 원을 그려서 날 에워싸고 휴대전화로 내 이름을 검색하고 내 사진을 찾아 말을 걸었다. 촬영 중에 생기는 이런 분위기를 내가 정돈해야 했지만 나는 오히려 당황했고, 빨개진 내 얼굴 때문에 몇 번이나 NG가 났다.

그 이후 나는 리포터를 기피하고 아나운서 활동만 이어갔다. 아나운서도 성향이 모두 다르다며 나에게 맞는 일을 해야 한다고 스스로 위로하기도 했다. 그렇게 나의 리포터 인생도 막을 내리나 싶었다.

그런데 전문 프리젠터로 입사한 곳에서 사내 아나운서 활동을 하며 또 다른 고난이 시작됐다. 새롭게 런칭한 신제품을 소개하는 리포터 직무를 맡게 된 것이다. 하기 싫다고 안 할 수도 없었다. 리포터 활동에 대한 두려움을 떨쳐버리기 전, 다시 리포터로 마이크를 잡으면서 카메라 앞에서 예전과 같은 증세가 동반됐다. 나는 얼어붙었고, 자연스럽지 못한 내 모습에 나조차 실망스러운 영상물이 제작됐다.

누군가의 모습을 억지로 쫓지 말자

그때만 해도 난 내공이 부족했다. 내가 하는 모든 말이 내 언어가 아니었고, 다른 사람의 말을 겨우 이어가는 것만 같은 기분이었다. 하지만 내 언어로 만들면 자연스러움은 생기기 마련이다. 그것은 진심을 통해 이뤄진다. 주어진 상황에서 먼저 주제에 대해 연관 검색어를 떠올린 다음, 듣는 사람의 입장에서 그 연관 검색어 중에 어떤 말을 하면 가장 반응이 좋을지 고민한다. 그다음 말하고자 하는 바를 내가 잘 살릴 수 있는 범위 내에서 전달하는 것이 좋다. 과장하지 말고 오버하지 말고 내가 할 수 있는 최선의 것을 다하는 것이다. 이때 가장 주의해야 할 점은 누군가의 모습을 쫓지 않는 것이다. 내가 잘하고 싶어서 누군가의 모습을 그대로 흉내 낸다면 서로에게 민망한 상황이 연출될 수 있다.

"제 롤모델은 ○○○ 아나운서예요", "저는 ○○○ 아나운서처럼 되고 싶어요". 많은 아나운서 준비생들이 이렇게 이야기한다. 물론 아나운서 준비를 하면서 롤모델이 있으면 더할 나위 없이 좋다. 롤모델 아나운서를 관찰하면서 그 사람만의 특징이나 표현력 등을 많이 배울 수 있기 때문이다. 하지만 배우는 것에서 그쳐야 한다. 그 사람을 따라 한다고 해서 내가 롤모델 아나운서 같은 사람이 되는 것은 아니다.

예를 들어 나는 진지하고 따뜻한 말을 전하는 아나운서와 어울린다는 이야기를 많이 들었다. 실제 나 또한 저녁 라디오 DJ나 내레이터 등을 할 때 더 재미를 느꼈다. 그런데 이런 나에게 통통 튀는 발랄한 분위기의 축제 리포터 역할이 주어지니 그 역할을 제대로 해낼 수가 없었던 것이다. 반대로, 발랄하고 친근한 이미지를 가진 사람이 애틋한 감성의 내레이션을 소화하기는 힘들 것이다. 각자 자신에게 맞는 역할이 있다. 내 역할이 아닌 것에 욕심내면 진정으로 나에게 잘 맞는 것이 무엇인지 찾기 어려워진다. 나는 나라는 사실을 명심하자. 각자의 개성에 따라 장점을 어필하면 그것으로 충분하다.

나의 '처음'은 모두 실패였다

내가 실패한 세 가지 '처음'

처음이라는 단어를 들으면 어떤 느낌이 들까? 두근거리는 새 학기? 첫사랑을 봤을 때의 짜릿함? 아니면 새로운 도전? 처음은 이렇게 우리에게 설렘을 주는 단어다. 하지만 나에게 '처음'은 트라우마 그 자체였다. 내가 20대 때 겪었던 '처음'의 경험은 크게 세 가지로 나뉜다.

1. 첫 방송, PD로부터의 신랄한 평가
2. 첫 경쟁 입찰 프레젠테이션, 32억 날림
3. 첫 강의, 멘탈 붕괴

가장 좌절한 첫 번째 실패는, 첫 방송 때 PD로부터 들은 신랄한 평가였다.

나의 첫 방송은 2년여의 아나운서 준비 끝에 투입됐던 한 방송사의 리포터 자리였다. 인맥도 경력도 없던 나에게 이 기회는 굉장히 의미가 컸다. 여기서 잘해서 하나씩 경력을 쌓아나가면 더 많은 길이 열릴 것이라는 생각에 저절로 마음도 부풀었다. 첫 리포트 주제는 한강에서 즐길 수 있는 재미를 소개하는 것이었다. 나름대로 주제에 맞게 연습을 하고, 현장에 도착했을 때도 정말 잘 해낼 자신이 있었다. 담당 PD와 함께 스토리보드를 확인하며 동선을 열심히 짰다. 카메라에 'ON'이 들어온 순간의 짜릿함은 아직까지도 잊을 수가 없다.

그런데 한창 한강에서 영화, 산책, 바비큐 파티, 캠핑 체험까지 다양한 정보를 리포팅하고 있는 나에게 PD가 갑자기 촬영을 잠시 접자고 했다. 내가 너무 인위적인 리포팅을 하고 있다는 것이 그 이유였다.

'이상하다? 난 잘하고 있는데…… 뭐가 문제지?'

당시에 나는 PD의 말을 이해할 수 없었다. 그런 내게 PD는 카메라 녹화 영상을 보여주며 표정과 목소리 톤, 뻣뻣한 제스처까지 하나하나 짚어주었다. 담당 PD는 덧붙여, 아나운서도 대체로 연기가 필요한데 나에게는 연기력이 없다며 그것이 가장 큰 결점이라고 말했다. 그 뒤에도 촬영은 원활하게 재개되지 못했고, 해당

PD와는 그 일을 마지막으로 다시는 볼 수 없었다. 혹독한 아나운서의 세계를 처음 겪은 순간이었다.

프레젠테이션 한 방에 날아간 32억

여기서 끝이 아니었다. 첫 방송을 대대적인 실패로 끝낸 나는 프리젠터로서 첫 경쟁 입찰을 할 때도 시원하게 실패를 하고 말았다. 이때의 실패는 대가가 혹독했다. 32억 원을 말아먹었으니까.

3년간 아나운서로 활동하던 스물아홉 무렵, 나는 한 대기업에서 사업 제안 프레젠테이션을 해보지 않겠냐는 제의를 받았다. 아나운서를 계속 하기보다 실제 내가 좋아하는 일은 '말'을 할 수 있는 직업이라는 것을 깨달았던 나는 그 제안을 계기로 다른 방향으로 커리어를 쌓고 싶었다. 그렇게 한 대기업의 정규직으로서 전문 프리젠터라는 새 직함을 얻게 되었다.

프리젠터라는 말은 대중에게 아직 생소한 용어다. 우리나라에서 '프리젠터(Presenter)'는 일반적으로 프레젠테이션을 하는 사람을 일컫는 말이다. 보통 프리랜서 프리젠터들은 발표만 대행하지만 나는 기업체에 몸담은 정규직 프리젠터로서, 국내에서는 드문 '전문' 프리젠터 1호였다.

전문 프리젠터는 '전문'이라는 직함에 맞게 기획과 아이디어 회의, 제안서 작성부터 사업 계획서 작성, 거기다 영업까지, 일련의 과정을 모두 해내야 한다. 그래야 사업의 과정을 모두 이해하고 실제로 프레젠테이션 무대에서 발표를 잘 해낼 수 있기 때문이다. 그런데 나는 그 과정을 거치기도 전인 입사 20여 일 만에 경쟁 프레젠테이션 무대에 섰다. 아직 회사에 대해 제대로 파악하지도 못했고 실전에 서기에도 조금 이른 감이 있었다.

하지만 아나운서로도 활동했고 사전에 연습도 많이 했기에 자신감만큼은 누구보다 앞서 있었다. 회사 사람들도 기대 속에 날 바라보았다. 회사 임원진까지 배석한 32억짜리 경쟁 입찰 프레젠테이션 자리에서 내가 얼마나 잘하는지 보여줄 수 있는 기회가 될 것이라는 데 뿌듯함마저 느꼈다. 실전 당일, 드디어 우리 회사의 발표 차례가 다가왔다.

순서에 따라 대기실에서 실전 무대로 자리를 옮긴 나는 놀랄 수밖에 없었다. 내가 상상해오던 무대가 전혀 아니었기 때문이다. 'ㄷ' 자로 둘러앉은 심사위원들은 회사의 단점을 하나라도 잡아내기 위해 매의 눈으로 나를 바라보고 있었고, 가끔씩 인상을 찡그리는 모습도 보였다. 항상 호의적이던 청중이나 카메라가 아닌 실제 평가자 앞에서 발표를 한다는 것은 분명 커다란 차이가 있을 것이라고 생각하지 못한 나의 안일함이 문제였다. 그리고 그러한 분위기에 압도당한 나는 순간적으로 다음 내용을 잊어버리고 아무것도 생각나지 않는 '블랙아웃(Blackout)' 현상을 겪었다.

3초의 정적……. 그 3초 동안 내 머릿속은 혼란스러움으로 가득했고, 모두는 발표를 하는 나만 빤히 바라보고 있었다. 3초가 세 시간 같던 시간, 나는 해당 슬라이드에서 전달해야 했던 메시지를 기억해내지 못하고 다음 장으로 슬라이드를 넘겼다. 하지만 넘겨버렸던 그 메시지는 우리 회사의 차별화 전략이었고, 그것을 전달하지 못한 나는 첫 경쟁 입찰 프레젠테이션에서 쓰라리게 패배했다.

그 이후 발표 트라우마가 생겨 방송을 할 때도 먹어본 적 없는 청심환을 먹고 경쟁 입찰 프레젠테이션 무대에 올랐다. 가끔 트라우마가 심해질 때는 두 병을 먹기도 했다. 하지만 청심환은 전혀 도움이 되지 않았고, 트라우마를 오롯이 실력으로 극복하는 데는 정확히 8개월의 시간이 걸렸다.

'스피치'에 실패한 첫 스피치 강의

첫 강의도 잊으려야 잊을 수가 없다. 경남권의 한 대학교에 갔을 때였다. 첫 강의치고는 많은 100명의 인원을 미리 통보받았다. 그런데 100명이라는 예상 인원보다 네 배가 많은 400여 명이 모였고, 나는 그 자리에서 얼어붙었다.

멋진 강사는 학생 수에 상관없이 내용을 잘 전달해야 하지만 그 당시 나는 '멋진'이 어울리지 않는 초보 강사에 불과했다. 게다가 그 강의는 나의 데뷔 무대였다. 그렇게 얼어붙은 나는 '스피치'

가 주제인 강의에서 '저 강사는 왜 저렇게 말을 못해?'라는 생각이 들 만큼 엉망진창으로 두서없이 내용을 전달했다. 내가 무슨 말을 하고 있는지 나도 알 수 없었고, 전달력 없이 설명식으로만 이야기를 하고 있는 나를 느끼면서도 스스로를 걷잡을 수 없었다. 내가 학생이라면 '이 강의가 유익하다고 생각할까?'라는 질문에 절대적으로 'NO!'라는 생각이 들었다. 어떻게든 두 시간이라는 시간이 빨리 흘러가기를 바랐을 뿐이었다.

그렇게 두 시간 강의를 어영부영 한 시간 만에 끝내고 멀뚱거릴 수가 없어 질의응답 시간을 가졌다. 한 시간 동안 이어지는 질의응답 시간. 그런데 이게 웬 일인지 대학생들은 초롱초롱한 눈망울로 여기저기서 손을 들어 질문 세례를 퍼부었다. 질문이 없는 강의가 아니어서 다행이라는 생각도 잠시, 얼굴에서는 절로 식은땀이 나기 시작했다. 내 답변이 정말 정답일까라는 생각과 함께 '틀린 답을 주게 되면 어떡하지?'라는 두려움 때문에 질의응답에서도 여유가 없는 모습을 보여줄 수밖에 없었다.

'처음'을 못하는 사람도 있다

나는 아나운서, 프리젠터, 강사로서의 첫 걸음이 평탄하지 않았다. 하지만 처음이 모두 실패라고 해서 현재도 실패 인생을 살고 있는 것은 아니다.

얼마 전 교육 영상 촬영을 통해 만났던 PD는 같이 일했던 아나운서 중 내가 베스트 3위 안에 든다는 기분 좋은 말을 해주었고, 발성도 발음도 표정도 모두 좋다며 칭찬을 아끼지 않았다. 참으로 고맙고 귀한 칭찬이다.

그 뒤, 나는 대기업을 퇴사한 후 곧바로 다른 기업에 스카우트 되었고 지금은 프리젠터로서 업계 최고 대우를 받으며 일하고 있다. 물론 수주율도 85퍼센트 이상으로 무한한 신뢰를 받는다. 내가 현재도 가장 열심히 일하고 있는 강의 분야는 어떨까? 스피치, 프레젠테이션, 보이스, 스타트업 컨설팅 등 내 강의의 만족도는 고맙게도 최고를 찍는다는 평가를 담당자들로부터 받고 있다.

처음은 정말 처음일 뿐이다. 처음부터 잘하는 사람도 있지만 나처럼 못하는 사람도 분명 존재한다. 나는 이것을 '성공을 향한 실패'라고 여긴다. 세상에 태어나서 단 한 번도 실패를 하지 않은 사람은 없을 것이다. 아주 작은 부분에서라도, 누구나 다 실패의 경험은 있을 것이다. 하지만 사람들은 단지 처음이었을 뿐인데 잘 해내지 못했다는 이유로 바로 포기해버리는 경우가 많다. 그리고 실패는 부끄럽다는 생각 때문에 다른 사람들에게 잘 드러내지 않는다. 나 또한 아나운서, 프리젠터, 강의를 처음 경험한 이후로 하루 여덟 시간씩 아나운서 아카데미에서 표정과 대본 연습을 했고, 프레젠테이션 관련 업계 책을 읽으며 주말에도 출근해 회사에 대한 공부를 했다. 강의를 하기 전에는 장소를 대여해서 수없이 많은 시간 연습에 몰두하기도 했다.

우리는 인생을 살아가면서 셀 수 없이 많은 처음을 겪게 된다. 30대에는 첫 결혼, 첫 출산, 첫 육아 등의 처음이 나를 기다리고 있었다. 40대에도 50대에도 처음은 끊임없이 찾아올 것이다. 결국 나에게 처음이라는 트라우마는 지금도 존재한다. 하지만 이제는 그것을 트라우마로 규정하지 않는다. 트라우마는 좋은 경험을 통해 충분히 이겨낼 수 있다. 내가 더 이상 아나운서로서의 일이 두렵지 않고, 경쟁 입찰 프레젠테이션 전에는 휘파람을 불 만큼 여유가 생겼으며, 강의 전에는 저절로 마음이 들뜨고 기분이 좋아지는 것처럼 말이다.

지금도 처음을 앞둔 상황에서, 나는 심호흡을 세 번 이상 깊게 하는 습관을 가지고 있다. 심장이 너무 빨리 뛰기 때문이다. 분명 이 문을 들어서면 나는 실수를 할 수도 있고, 또 부끄러움에 잠 못 들 만큼의 기억을 가지게 될 수도 있다. 하지만 두렵지 않다. 처음부터 잘하는 사람은 드물다는 것을 알기 때문이다. 처음을 겪어야 결국 잘 해낼 수 있을 것이고, 따라서 처음 겪어보는 기회가 주어졌음에 도리어 감사하는 마음을 가진다.

처음 하는 것에 대한 경험이 많아지면 잘할 수 있는 일도 분명 많아진다. 처음이라는 실패를 제대로 즐길 수 있는 것. 그것이 나를 발전시키는 원동력이 된다.

프리젠터의 일기 #2

8월 17일

5천 번 경험을 했다는 것은
5천 번 실수를 했다는 것이다

이로써 연속 세 건의 수주 달성. 맡은 건은 모두 기획 회의까지 참여하며 열심히 의견을 낸 덕분에 지금까지 수주율 100퍼센트를 달성했다. 나도 놀라고, 직원들도 놀랐다. 물론 프레젠테이션뿐만 아니라 발표가 있기까지의 과정이 더 중요하다. 사실 어제는 프레젠테이션이 끝나고 썩 만족스럽지 못했다. 안 좋은 컨디션을 탓하기 전에 내 준비 과정을 돌아봤다. 충분한 리허설과 정보 공유 그리고 자료 공부 등 모두를 빠짐없이 했다. 놓친 부분은 없다. 그런데 이러한 노력 여부와 관계없이 실제 발표를 마치고 나왔을 때 나는 만족스럽지 못한 기분을 느꼈다. 실전 프레젠테이션의 분위기를 내 것으로 충분히 이끌지 못했기 때문이다. 수주를 했더라도 발표에 스스로 만족하지 못하면 그 수주는 진정한 보람처럼 느껴지지 않는다. 그때마다 나는 혼자만의 시간을 가진다. 그리고 고민한다. 내가 부족한 점이 무엇이었을까? 고민 끝에 답을 내리고 부족한 점을 깨닫고 인정한다. 이런 과정을 겪으며 전문 프리젠터로서 한 단계 성장하게 된다고 생각한다.

김창옥 교수의 저서 《당신은 아무 일 없던 사람보다 강합니다》(수오서재, 2016)에는 이런 말이 나온다.

5천 번의 강연을 했다는 건 5천 번의 실수를 했다는 의미입니다.

김 교수의 이 말은 스스로 평가를 내리기에 100퍼센트 만족할 만한 강의는 없으므로 매 강의 혹은 실전마다 꾸준히 부족한 점을 깨쳐나가야 한다는 뜻이다.

일에서는 날카로워져야 계속해서 트렌드를 읽어내고 업그레이드할 수 있다. 그래서 내 인생은 항상 긴장감이 가득하다. 그렇다면 이번 단계에서의 내 숙제는 발표 분위기를 이끌어올 수 있는 '청중의 마음을 움직이는 힘'을 공부하는 것이다. 이것은 한 끗 차이에서 비롯된다. 하지만 그 한 끗 차이가 진정으로 무엇인지 돌이켜보는 시간이 되기를 스스로에게 바란다.

오늘의 교훈

발표 후에는 객관적인 피드백을 주자

주변 사람들로부터 피드백을 받지 못하는 상황이라면 스스로 발표하는 모습을 녹화해서 살펴보자. 완벽한 연습은 존재하지 않는다. 매 연습마다 실력이 나아지는 이유는 실패를 경험하고 고쳐나가기 때문이다. 잊지 말자. 5천 번 경험했다는 것은 5천 번 실패했다는 것이다. 그리고 실패가 많아질수록 내 실력은 상승할 확률이 크다.

쉬지 않고 도전하라

안일함을 벗어나는 순간 새로운 세상이 열린다

프리젠터로 일한 지 1년째 되던 해였다. 아나운서 활동을 할 때처럼 다른 사람과의 경쟁도 없었고 누군가에게 잔혹한 평가를 받을 일도 없었다. 사실 기업에 몸을 담은 전문 프리젠터로서 항상 잘해야 하지만 가끔 실수를 하거나 스스로의 프레젠테이션에 만족을 못 하는 경우도 많았다. 하지만 그때마다 팀장님과 팀원들은 나를 탓하기보다 따뜻하게 다독여주었다. 이렇게 기댈 수 있는 공간이 있다는 것 덕분이었을까? 나는 팀에 스며들어 일하면서 안일해지는 순간을 맞이했다.

안일해지는 것은 내 주변의 모든 것이 만족스러울 때 일어난다. 프레젠테이션 실력도 어느 정도 갖춰졌고, 수주율도 꽤 높아지면서 누구도 나를 채찍질하지 않았다. 그러다 보니 스스로가 고인 물처럼 정체되어 있다는 생각이 번쩍 들었다. 예전에는 실패를 했음에도 도전을 통해 경험을 쌓고 자기를 좀 더 계발하는 삶을 살았는데 이러한 만족 때문에 혹시 내가 평생 새로운 도전을 하지 않게 될까 봐 덜컥 겁이 났다. 물론 안정적인 삶이 싫지는 않다. 하지만 젊을 때 더 많은 도전을 하고 싶다고 항상 생각해왔고, 아직도 내 버킷리스트에는 도전 목록이 빼곡하게 적혀 있었다. 더 이상 시간을 지체할 수가 없었다. 나는 버킷리스트를 꺼내 목록을 훑어보기 시작했다. 그리고 곧 내 눈길은 한 리스트에서 멈췄다.

"사회에 보탬이 되는 일을 하는 것."

'그래. 이 일은 바로 시작할 수 있어!'라고 생각한 나는 인터넷 포털 사이트를 통해 내가 할 수 있는 재능 기부를 검색했다.

그러다 우연히 지적 장애인들을 위한 자기 논리 강화 스피치 일을 발견했고 이 일에 지원했다. 하루도 채 되지 않아 부산광역시 지적장애인 복지협회로부터 미팅을 하고 싶다는 답장이 왔다. 다시 삶에 의욕이 불타오르는 기분이었다. 나는 무조건 새로운 일을 시작하고 싶었고, 내 도움이 필요한 곳이 세상 어딘가에 있다는 것이 굉장히 멋진 일이라는 생각이 들었다. 그렇게 나는 한달음에 부산시 지적장애인 복지협회를 찾아갔다. 수업을 받을 학생들과 인사를 나눴고 그들을 유심히 바라보았다.

나를 보고 환하게 웃으며 반겨주는 그들을 본 순간, 나는 지금까지 그들이 나와 다를 것이라는 선입견에 갇혀 있었음을 깨닫고 얼굴이 화끈 달아올랐다. 그들은 나와 같은 생각을 하고, 같은 감정을 느끼는 똑같은 사람이었다. 중학생부터 성인까지 열다섯 명 정도로 이뤄진 반에 들어서니 모두가 나를 향해 누가 먼저랄 것 없이 인사를 건넸다.

그런 모습이 감사하기도 하고 더 친해지고 싶다는 생각에 화이트보드에 내 전화번호를 크게 적었는데, 바로 그때 담당 선생님이 급히 들어오더니 보드에 적힌 나의 번호를 지웠다. 하지만 몇몇 학생들은 이미 내 번호를 휴대전화에 저장한 뒤였다.

수업을 마치고 나는 담당 선생님께 영문을 물었다. 그러자 담당 선생님은 예전에도 다른 선생님들이 번호를 알려준 적이 있는데 낮이고 밤이고 새벽이고 학생들이 전화를 거는 바람에 무척 힘들어하셨다는 말을 건넸다. '아뿔싸. 큰일 났다'라는 생각도 잠시, 집에 돌아가자마자 정말 새벽 내내 전화가 왔다.

매일 출근을 하는 직장인이었기 때문에 새벽 내내 울리는 전화가 힘들었다. 하지만 어떻게 보면 내가 학생들에게 벌써 의지하고 싶은 존재가 된 것이 감사하다는 생각도 들었다. 그래서 그들에게 실망을 안겨주기 싫어 모든 메시지와 전화에 응답했다. 그리고 그렇게 믿었던 덕분인지 갈수록 학생들이 수업에 열정적으로 참여해주기 시작했다. 첫 수업 때는 자기소개도 부끄러워하고 숨으려만 했던 학생들이 숙제를 내주면 해왔고, 수업 시간에는 시키지 않아도 스스로 의견을 냈다. 스피치의 재미를 일깨우기 위해서 지점토와 풍선 등 다양한 도구를 사용해 수업을 많이 진행했는데, 초기에는 수업 도구를 스피치와 관련 없이 가지고 노는 학생들이 많았지만 시간이 흐르면서 점차 내가 의도했던 수업 내용으로 잘 참여하는 모습을 보이기도 했다.

그렇게 나는 10개월 동안 매주 토요일 아침 시간을 그들과 함께 보냈다. 나도 사람인지라 주말에는 늦잠을 자고 싶었고 쉬고 싶을 때도 있었다. 하지만 발전하는 모습의 학생들을 지켜보며, 토요일에도 출근한다는 기분보다는 학생들을 만나 하루를 즐겁게 보낸다는 기분을 더 많이 느꼈다. 10개월의 수업을 마치는 마지막 날 그들은 나에게 메시지를 전달했다.

"자신감을 생각하면 선생님이 생각나요", "선생님은 모델이에요. 세상 여자 중에 제일 예뻐요", "응원해줘서 고마워요. 저도 선생님을 응원할게요", "선생님을 생각하면 기분이 좋아요. 잊지 않을게요" 등……. 그들이 롤링페이퍼에 써준 이 같은 메시지는 아직까지도 힘들 때마다 나를 일으켜 세워주는 원동력이 되고 있다.

담당 선생님들도 이들의 메시지에 놀라움을 금치 못했다. 이들의 변화는 내 생각보다 훨씬 많이 나아갔다. 나를 믿어준 학생들은 한결 밝아진 모습으로 실력이 나날이 발전해, 자기 논리 강화 스피치 대회에서 상위권을 모두 휩쓰는 능력을 선보였다.

그리고 그들 덕분에 나 또한 변화를 겪었다. 아무것도 바라지

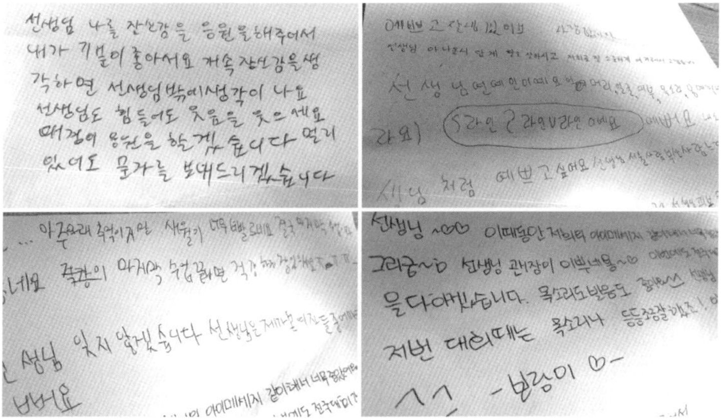

학생들이 쓴 롤링페이퍼는 지금도 나를 일으켜 세우는 원동력이 된다.

않고 시작한 10개월간의 재능 기부가 회사를 그만둔 뒤에 '심사위원', '행사 MC'라는 첫 타이틀을 안겨준 계기가 된 것이다. 협회장님과 담당자님께서는 1년 가까이 되는 긴 시간 동안 지치지 않고 수업을 너무 잘 이끌어주셨다며, 지금도 매년 진행되는 대회와 음악회에 나를 초청한다.

나만이 나의 이야기를 진심으로 들어줄 수 있다

평탄하게 사는 사람들에게는 이야깃거리가 풍부하지 않다. 사람마다 가치관이 다르겠지만, 혹시라도 당신이 안정된 삶보다 재미있는 삶을 살고 싶다면 계속해서 무언가를 찾는 삶을 살라고 추천하고 싶다. 이를 실천한 사례로, 나는 가수 이소은과 영화 〈행복을 찾아서(The Pursuit of Happyness)〉의 주인공 크리스 가드너(Chris Gardner)를 꼽고 싶다. 그들은 모두, 목표를 추구하는 삶을 살았다.

이소은은 어린 나이에 가수로 데뷔했다가 어느 날 갑자기 은퇴 선언을 하고는 미국으로 건너갔다. 그 뒤 미국에서 로스쿨을 수료하고 국제변호사로 변신하여 현재 국제상업회의소 뉴욕 지부 부의장을 맡고 있다. 대한민국 여성으로서는 최초다. 영화 〈행복을 찾아서〉에서 윌 스미스(Wiill Smith)가 맡았던 역할의 실제 인물인 크리스 가드너는 의료기기 판매 사원이었다. 하지만 판매 부진으로 갈수록 빚이 늘어났고 아들과 함께 거리 노숙자로까지 나앉았다. 그래도 그는 마음만은 부자였다. 자신의 인생에도 기회가 있을 것이라는 생각을 하며 포기하지 않는 삶을 살았다. 그러던 어느 날 길을 가다 멋진 스포츠카를 타고 다니는 사람을 만났고, 그 사람이 하는 일이라면 부자가 될 수 있을 것 같다는 생각에 그 사람과 같은 증권회사에 다니기 위해 인턴으로 입사했다. 그가 성공하기까지의 과정은 결코 평탄하지 않았다. 그러나 결국 그는 정식 주식 중개인으로 입사하는 데 성공했고, 모든 어려움을 극복해낸 현재는 홀딩스 인터내셔널의 최고 경영자가 되었다.

앞선 사례들처럼, 자신조차도 알아채지 못하는 다양한 상황들을 통해 새로운 경험이 펼쳐질 수 있다. 인맥도 사랑도 일도 많은 방향으로 뻗어나갈 수 있는 것이다. 나 또한 안정된 삶을 즐기지 못하는 사람이다. 인생 그래프가 있다면 완만한 곡선보다 굴곡진

곡선을 택하는 사람이 바로 나다. 나에게 고비는 항상 성장을 담보해왔기 때문이다.

하지만 꼭 답을 찾으라고 말하고 싶지는 않다. 나는 답을 주는 사람이 아닌, 내 생각을 공유하기를 원하는 사람이기 때문이다. 실패 사례들을 통해 얻었던 교훈, 그것을 공유하면 더 좋은 방법을 찾을 수 있으라고 나는 믿는다. 나는 진정한 소통 전문가이고 싶다. 진정한 소통 전문가는 다른 사람과의 소통뿐만 아니라 나와도 끊임없이 대화하고 내가 원하는 것을 깨닫고 얻어낼 수 있는 사람이다.

그래서 나도 나와의 소통에 항상 귀를 기울인다. 안일해지는 순간이 있다면 채찍질하고, 겸손하지 못한 순간에는 나의 처음을 떠올리기도 한다. 우리는 나 자신과 소통하는 문제에 많이 둔감하다. 대한민국에 사는 사람이라면 특히 더 그렇다. 우리에게는 자신을 아끼는 습관이 들지 않았기 때문이다. 주변에서는 늘 다른 사람의 이야기를 들어주는 것이 중요하고 경청이 중요하다고 강조한다. 물론 맞는 말이다. 하지만 나의 마음을 경청하는 것에도 절대 소홀해서는 안 된다. 나만이 내 이야기를 진심으로 들어줄 수 있다. 그것이 가치 있는 소통을 하는 피드백 전문가의 기본적인 모습이다.

Part 2

시선을 사로잡는 발표의 기술

신이 내린 목소리는 만들어지는 것이다

한번 단련해놓으면 평생을 간다

소통을 이끌어내는 사람에게 가장 필요한 것은 무엇일까? 기본적으로 대화라고 이야기하고 싶다. 수많은 대화의 종류 중에서도 가장 기본적인 것은 '말'로 하는 것이다. 그런데 우리 주변에는 '말'에 고통을 받는 사람이 많다. 말솜씨가 없어서이기도 하지만

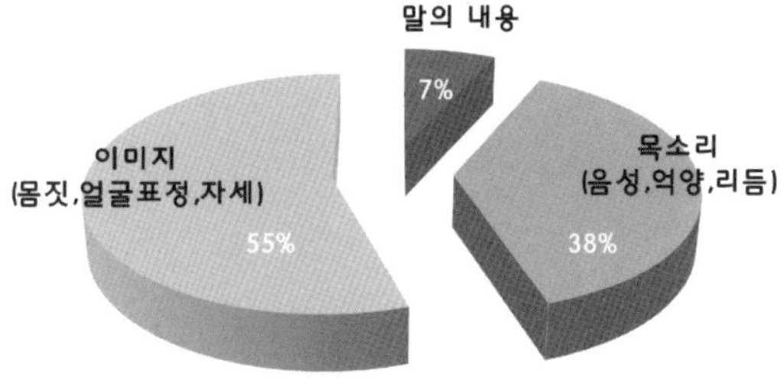

메라비언은 사람이 상대를 평가하는 요소를 세 가지 영역으로 구분했다.

스스로의 목소리에 자신이 없는 경우에도 말을 아끼게 된다. 그런데 안타깝게도 목소리는 생각보다 중요하다.

UCLA의 심리학 교수인 앨버트 메라비언(Albert Mehrabian)박사는 상대방에 대한 인상이나 호감을 결정하는 데에는 말의 내용이 7퍼센트, 그 사람의 분위기나 이미지가 55퍼센트 그리고 목소리가 38퍼센트를 차지한다는 메라비언 법칙을 발표한 바 있다. 대학에서 커뮤니케이션 연구를 해온 그는 이 개념을 1971년에 펴낸 《침묵의 메시지(Silent Message)》에서 처음으로 제시했다.

우리는 흔히 발표를 앞두고 말의 내용(기획)이나 외모적인 부분(옷차림)에 신경을 쓰지만 목소리를 다듬는 데에는 상대적으로 소홀하다. 하지만 목소리의 중요성이 차지하는 비율은 생각보다 크다. 말의 내용과 이미지는 얼마든지 연출이 가능하지만 목소리는 그렇지 않다. 목소리에는 사람의 내면이 담길 수도 있고, 그 사람이 살아온 인생이 보이기도 한다. 한번 목소리를 잘 단련해놓으면 그 목소리는 평생 간다. 외모가 늙었지만 목소리는 그대로인 성우나 배우들도 이러한 경우다.

한번 가지면 절대 빼앗길 수 없고 빼앗을 수도 없는 재산, 목소리를 단련하는 것은 그만큼 중요하다.

목소리 하나로 인생 역전한 남자

그리고 여기 누구보다 목소리에 자신 있는 한 사람이 있다.

노숙자에서 미국의 라디오 방송 성우로 인생 역전한 테드 윌리엄스

왼쪽 사진의 남자는 누가 봐도 노숙자처럼 보인다. 그는 테드 윌리엄스(Ted Williams), 바로 목소리 하나로 인생을 역전한 주인공이다. 나는 기업이나 대학에서 보이스 트레이닝 관련 강의를 할 때 목소리의 중요성을 이야기하며 항상 테드 윌리엄스를 소개한다. 여기에는 비하인드 스토리가 있다. 테드 윌리엄스가 구걸을 할 때 이용한 방법이 바로 자신의 목소리를 들려주는 것이었기 때문이다.

근사한 목소리로 구걸을 하는 노숙자가 있다는 소문을 들은 미국의 한 기자는 그를 찾아가 돈을 줄 테니 목소리를 녹음해달라고 부탁했고, 실제 그의 목소리가 담긴 영상을 유튜브에 올렸다. 그런데 유튜브 영상의 조회수가 급증하면서 그를 궁금해하는 사람들이 많아지고, 그의 목소리를 듣고 싶어 하는 사람들이 늘어나면서 미국의 한 방송국이 그를 라디오 성우로 스카우트하기에 이

르렀다. 다른 수많은 요소 중에 단 하나, 목소리만으로 라디오 성우가 된 테드 윌리엄스는 우리에게 목소리의 힘이 얼마나 강력한지 보여주는 대표적인 사례다.

목소리는 바뀔 수 있다

"너는 안 돼. 목소리가 너무 떨리고 톤도 불안정해. 사투리도 많이 쓰는데? 아마 힘들 거야. 다른 길을 알아봐."

앞에서도 말했지만, 대학교 1학년 전공 교수님께 들은 이 말 때문에 내 꿈은 와장창 부서졌다. 하지만 이대로 꿈을 포기할 수는 없었다. 나는 목소리를 개선하고자 녹음기를 사서 하루 종일 내가 대화하는 목소리를 녹음하고, 잠자리에 들기 전에는 여덟 시간이 되는 녹음을 듣느라 밤도 허다하게 샜다.

목소리를 훈련하면서 가장 힘들었던 것은 훈련 방법이 아니라, 내 목소리를 직접 들어보는 시간이었다. 녹음된 내 목소리를 들으면서 자괴감에 빠지기도 하고, '정말 포기해버릴까?'라는 생각도 자주 했다. 하지만 매일 연습을 병행한 지 3개월, 내 목소리는 누가 들어도 듣기 좋은 신뢰감 있는 목소리로 바뀌었다. 절실함만 있다면 바뀔 수 있는 것이 바로 목소리다.

나는 억센 경상 사투리에, 어떻게 보면 경박한 음성, 얕은 호흡, 랩을 하는 듯한 빠른 말 속도를 가지고 있었다. 그렇기 때문에

"음성은 진짜 변화할 수 있나요?"라는 질문이 반갑고, 그럴 때마다 "당연하죠! 제 이야기를 먼저 들려드릴게요"라고 말할 수 있다.

실제 내 음성이 변화하지 않았더라면 그렇게 자신 있게 'YES'라는 대답을 못 했겠지만, 나는 누구보다 안 좋았던 음성을 변화시킨 주인공이기 때문에 항상 시원하게 확신에 찬 대답을 한다. 나 자신이 살아있는 증거 자료이기 때문이다. 그리고 이 목소리는 그때부터 나의 재산 1호가 되어 실제 아나운서 연습생으로 아카데미를 다닐 때에도 '반에서 가장 목소리가 좋은 사람은 최현정이다'라는 소리를 듣게 해주었다.

그뿐만이 아니다. 20대에 겪었던 각종 금융권, 대기업 그리고 대학원까지 다양한 면접 현장에서도 좋은 음성 덕분에 많은 면접관이 내 이야기에 더 주의 깊게 귀를 기울이며 좋은 목소리는 어떻게 하면 낼 수 있냐며 관심을 많이 가졌다. 듣기 좋은 목소리는 사람의 기분도 좋게 만들 수 있었던 것일까? 면접 결과는 대부분 긍정적이었다. 이렇게 목소리 하나만으로 얻을 수 있는 이익은 생각보다 많다.

한 대학원 강의에서 2세대 CEO들과 함께 보이스 강의를 진행했던 경험이 있다. 당시 교육 담당자는 사업 때문에 바쁜 기업의 2세대 CEO들이기에 수업의 참여율이 저조할 것이라고 말했다. 따라서 실습을 한다거나 질문을 많이 하지 않을 거라고 걱정했지만 이런 교육 담당자의 우려를 뒤로하고 강의 만족도는 최고점을 찍었다. 담당자도 이런 적이 처음이라며 놀랐고, 나도 생각보다 좋은 반응에 놀랐다. 매력적인 음성에 대한 니즈(Needs)는 어디에도 있다. 지금까지 수많은 사람들 앞에서 보이스 강의를 하면서 많은 분들이 실제로 음성의 변화를 느끼고 만족스러워하는 모습을 보며 다시 한 번 음성은 좋은 쪽으로 변화할 수 있다고 굳게 믿게 된다. 늦지 않았다. 변화할 의지만 있다면 당신도 3개월 내에 충분히 좋은 음성을 가질 수 있다.

프리젠터의 일기 #3

7월 11일
현장에 답이 있다

이번 프레젠테이션은 기획팀과 머리를 싸매고 전체 구성에서 순서까지 모조리 엎었다. 내가 가장 신경 쓰는 부분은 슬라이드 사이의 '간격', 즉 얼마나 매끄럽게 첫 장부터 마지막 장까지 흡입력 있게 끌어내느냐의 부분이다. 실제 제안서를 미리 보고 오는 심사위원보다 프레젠테이션 때 제안서를 보는 심사위원이 많기 때문에 얼마나 '듣기 편하게' 말하느냐에 승리의 열쇠가 있다. 듣는 사람의 입장에서 마치 동화책의 기승전결처럼 궁금해지는 스토리를 만들어낸다면 결국 '좋은 평가=수주'로 이어지는 것이다.

이렇게 만반의 준비를 하고 현장에 도착했는데…… 앗!! 네 대의 TV가 동서남북으로 안쪽에 배치되어 있고, 그 주변이 'ㅁ' 자로 심사위원이 배석하는 자리. 게다가 발표자의 자리는 슬라이드도 없는 연단 앞이었다. 발표자를 전혀 배려하지 않는 프레젠테이션 현장이었다. 안쪽의 TV는 너무 멀리 있어 발표자가 볼 수 없는 구조에, 심지어 따로 들고 들어갈 여분의 제안서도 없었다. '발표자는 무엇을 보며 발표하란 말인가……'라는 고민이 머릿속을 헤집었지만 나에게는 시간적 여유가 없었다. 5분 뒤에 시작이었다. 나는 열심히 머리를 굴렸다.

"그래, 준비한 제스처와 동선 연출은 하지 못하더라도 목소리로 최대한 강조점을 주자!"

나는 담당자에게 개인 노트북을 제안서 보기용으로 지참해도 되는지 양

해를 구했다. 발표자의 상황을 설명하자 담당자는 흔쾌히 승낙하셨다. 그렇게 들어간 첫 번째 순서. 연단에서 내용을 보고 읽을 수도 있었지만 준비한 내용을 잘 전달하며 한 사람씩 아이 콘택트를 유도하고, 그들이 고개를 끄덕일 때까지 집중했다. 그렇게 물 흐르듯이 끝난 15분. 첫 질의가 굉장히 날카로웠지만 해외 사례들을 들어가며 만족스럽게 끝냈다. 결국 현장에 맞는 발표자의 연출이 득이 될 수도 해가 될 수도 있다. 현장을 고려하지 않고 준비한 대로만 발표했다면 조잡한 PT로 독이 되었을 것이고, 단순한 목소리 강조 효과를 낼 뿐이었지만 이번만큼은 이 방법이 득이 되었다. '과연 내 생각이 맞았을까?'를 가늠하며 수주 결과를 기다린다.

P. S. 다음 날, 우리 업체가 수주했다는 반가운 소식을 들을 수 있었다.

오늘의 교훈

발표 현장에 맞는 연출 전략을 가져가자

때로는 내가 준비한 연출 전략이 어울리지 않는 상황도 발생한다. 그럴 때는 과감히 버리고, 현장에 어울리는 전략으로 즉시 수정하자. 어떠한 연출도 활용할 수 없을 때는 목소리 강조법을 활용하자. 목소리 하나만으로도 발표 전달력을 키울 수 있다.

좋은 목소리는 호흡에서 시작된다

발표할 때마다 음메~ 하고 떨리는 양 울음소리의 이유

대화할 때는 괜찮은데 발표를 할 때면 목소리가 양 울음소리처럼 떨린다는 사람들이 의외로 많다. 이들은 "숨이 안 쉬어지는 것 같아요", "얼굴이 빨개져요"라며 긴장을 하고 싶지 않다고 호소한다.

사실 발표 전 긴장을 하는 것은 우리 모두 마찬가지다. 수천 번 발표 경험이 있는 나조차도 여전히 발표 자리에서는 늘 긴장한다. 가끔은 아무 이유도 없이 발표 전에 긴장이 되는 경우가 있다. 그때는 숨이 가빠지고 자연스럽게 말도 빨라지면서 얼굴이 달아오르는 기분을 느낀다.

그럴 때마다 내가 하는 방법이 하나 있다. 바로 '심호흡'이다.

발표하기 전 심호흡 세 번 그리고 발표 중간에 호흡이 가빠짐을 느낄 때에는 의도적으로 말의 템포를 늦추고 안 보이는 심호흡으로 호흡을 가다듬는다. 그러면 언제 그랬냐는 듯 안정된 음성이 흘러나오게 된다. 다만, 이러한 호흡의 원리를 알지 못하면 숨이 가빠진 채로 스스로가 무슨 말을 하는지도 모르게 급하게 발표를 마치게 되어 발표를 잘 못했다는 자책감에 빠지게 되니 각별히 주의해야 한다.

흉식호흡 VS 복식호흡

좋은 목소리를 내기 위해서는 호흡을 포함해서 발성, 발음까지 총 세 가지 조건을 지켜야 한다. 발표를 할 때 숨이 찬다거나 얼굴이 빨개지는 것은 이 세 가지 조건 중 호흡에 문제가 있을 가능성이 가장 높다. 호흡은 크게 가슴으로 하는 '흉식호흡'과 배로 하는 '복식호흡'으로 나뉜다. 흉식호흡을 하면 힘이 들어가지 않는 가벼운 느낌의 음성이 나오고 복식호흡을 하면 깊고 풍성한 음성이 연출된다. 하지만 많은 사람들은 흉식호흡과 복식호흡의 차이를 잘 알지 못한다.

흉식호흡은 보통 평소에 사람들이 하는 호흡이라고 보면 된다. 대개 가슴으로 숨을 들이쉬고 가슴으로 내쉰다. 복식호흡은 우리가 크게 긴장을 했을 때나 숨을 가다듬을 때 하는 심호흡이

이에 해당한다. 숨을 코로 깊게 들이마시고 구강으로 후~ 내뱉는 것이 심호흡인데, 바로 이 심호흡이 복식호흡과 아주 유사한 호흡 방법이다. 이렇게 호흡을 깊게 하면 몸의 중심이 잡히고 목소리도 안정적으로 낼 수 있다. 그런데 과연 심호흡을 하면서 일상적인 대화도 할 수 있을까?

사실 우리는 복식호흡으로 일상생활을 했던 적이 있다. 사람이면 누구나 다 복식호흡으로 숨을 쉬며 살았던 시기가 있다. 갓난아기를 찬찬히 들여다보면 그들은 모두 복식호흡을 한다. 숨을 쉴 때 아기들은 배가 불룩해졌다가 가라앉기를 반복한다. 배가 움직이는 호흡, 말 그대로 '복식호흡'을 하는 것이다.

그렇다면 우리는 언제 이 호흡법을 잊어버리게 된 것일까? 사람은 신체가 성장하면서 자연스럽게 팔을 많이 쓰게 되고, 이에 따라 배꼽 아래 단전에 있던 몸의 중심이 가슴으로 올라오면서 흉식호흡으로 바뀌게 된다. 따라서 연습만 한다면 누구든 충분히 예전처럼 복식호흡의 생활화가 가능하다.

복식호흡 제대로 하기

복식호흡은 다음 쪽에 나오는 그림으로 설명할 수 있다. 코로 숨을 들이마시면 폐에 공기가 차고 폐가 팽창하면서 횡격막이 아래로 수축한다. 그리고 횡격막이 아래로 내려오면 자연스럽게 장

기가 앞으로 밀려 나오면서 배가 나오는 것이다. 중요한 것은 이 때 가슴이 움직이지 않는 것이다.

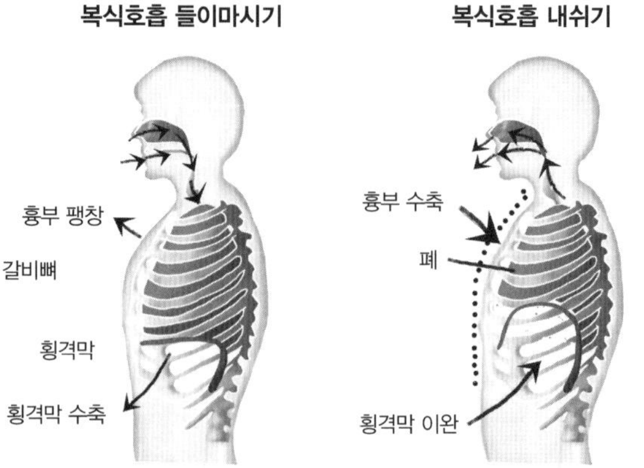

복식호흡의 메커니즘

그래서 복식호흡을 연습할 때는 한 손을 가슴이 움직이지 않도록 가슴 위에 올리고, 다른 한 손은 배가 얼마큼 부풀어 오르는지를 느끼기 위해 배에 대주는 것이 좋다. 간혹 많은 사람들이 "분명 코로 숨을 들이마셨는데 거꾸로 배가 들어가고, 숨을 내쉴 때 배가 나와요"라는 말을 할 때가 있다. 이는 복식호흡의 메커니즘을 제대로 이해하지 못했기 때문이다. 이런 경우에는 '이미지 트레이닝(Image-Training)'이 많은 도움이 된다. 머릿속으로 코를 통해 숨이 들어가는 것을 느끼고, 폐에 공기가 차는 것을 떠올린 다음, 횡격막이 수축하는 것을 느끼고 배가 나오는 것까지 순서대로 이미지를 그려나가며 복식호흡을 하면 호흡이 반대로 되는 것을 방지할 수 있다.

숨을 들이마셨다면 이제 내쉴 차례가 되었다. 숨을 내쉴 때에는 구강을 통해 숨을 제대로 뱉어야 한다. 이 숨의 크기가 나중에 성량이 되고 발성의 기본이 된다. 실제 보이스 강의에서 가장 많이 나오는 여성들의 니즈는 성량을 키우고 싶다는 것이다.

"제가 말하면 다른 사람들이 잘 알아듣지 못할 때가 많아요."

"제 목소리가 너무 작고 힘이 없대요."

다양한 문제점들을 여성들은 토로한다. 그런데 그 사람들에게 풍선 불기를 요청하면 거의 대부분이 풍선을 아예 불지 못하는 경우가 많다. 그만큼 배에 힘을 사용하지 않고 목으로만 말해왔다는 방증이다. 목의 힘만으로 소리를 내면 자연스럽게 목이 아파진다. 따라서 그 부담을 줄이기 위해 성량도 작아진다. 성량에서는 호흡이 중요한데 그 호흡은 배에서부터 시작한다. 성대를 눌러서 성량을 키우거나 음성을 만들어내는 것이 아닌, 자연스럽게 호흡을 뿜으면서 호흡의 힘에 음성을 실어주는 것이 제대로 된 발성이다. 그리고 숨을 구강으로 제대로 빼주지 않으면 비강(코)이나 다른 쪽으로 숨이 새버리기 때문에 우리가 흔히 말하는 허스키 목소리 또는 하이톤 목소리가 되는 것이다.

숨을 뱉는 효과적인 방법은 다음과 같다.

• 윗니로 아랫입술을 물고 "스~~ " 하는 소리와 함께 호흡을

균등하게 뱉기

- 손바닥을 입 쪽에 대고 따뜻한 바람이 나오는 것을 느끼면서 “반갑습니다”를 숨이 끝날 때까지 뱉기
- 입천장을 활짝 열고 “아~~” 하고 발성을 하면서 힘차게 호흡 뱉기

숨은 최대한 찌꺼기까지 다 빼낼 수 있도록 해야 한다. 복식호흡으로 볼록했던 배가 홀쭉해지다 못해 등가죽까지 달라붙는 느낌이 들 만큼 끝까지 빼내는 연습이 필요하다. 그렇기 때문에 한꺼번에 숨을 내쉬지 않고 균등하게 뱉는 것이 중요하다. 보통 이런 식으로 뱉어내면 성인 남성 기준으로 30초 이상, ‘반갑습니다’는 35회 이상이 가능하다. 그리고 호흡 훈련은 몸에 힘을 빼면 뺄수록 느낌이 잘 오기 때문에 누워 있을 때나 앉아 있을 때에도 훈련을 할 수 있다. 만약 서 있는 상태로 호흡을 한다면 하체는 뿌리 깊은 나무라고 생각하고 상체는 그 뿌리에 살짝 얹어진 풍선 같은 존재로, 상체 힘을 모두 뺀 상태에서 실시하는 것이 효과적이다.

강의를 진행하다 보면 보이스 트레이닝은 내가 하는 강의 중에 가장 재밌으면서 또 가장 어렵다고 느껴진다. 내 몸을 열어서 보여줄 수도 없고, 내가 하는 설명이 개인마다 다르게 느껴질 수 있기 때문이다. 그래서 나는 항상 ‘내 상체는 풍선같이’, ‘다리는 뿌리 깊은 나무같이’ 등으로 다양한 예시를 들고자 노력한다.

"호흡이 뿜어져 나오는 것은 만화 포켓몬스터의 꼬부기가 물대포를 쏘는 느낌과 같아요!"

"아주 부드러운 가래떡을 끊어지지도 않고 눌리지도 않게 입으로 조심스럽게 뽑아내주듯이, 아~ 하고 내뱉는 거예요!"

이 외에도 이미지 트레이닝을 통해 상대방이 깨달을 수 있을 때까지 많은 비유를 들다 보면 몸이 이해하는 순간이 찾아온다. 복식호흡을 이론적으로 풀어내서 어렵게 느껴질 수도 있지만 실제로 연습을 하다 보면 충분히 일상생활에 접목할 수 있을 만큼 금방 익힐 수 있다. 특히 평소 대화할 때 떨리거나 긴장을 많이 하는 성격이라면 복식호흡을 익힘으로써 그 떨림을 잠재울 수 있다.

이 부분은 보이스 트레이닝 강의 시에 100명이면 100명 모두 떨림을 잠재운 경험이 있기 때문에 자신 있게 말할 수 있다. 만약 복식호흡에 대해 한 가지 더 알기 쉽게 설명해달라고 한다면 나는 마지막으로 이 예시를 말하고 싶다.

"들이마시는 것은 마치 꽃향기를 맡을 때와 같이, 내쉬는 것은 생일 케이크에 가볍게 후~ 하고 초를 끄는 것과 같이!"

훌륭한 발성이 완벽한 음성을 만든다

연애할 때 목소리는 독?!

나는 연애할 때와 강의할 때의 목소리가 다르다. 그리고 지금도 남편에게는 애교 섞인 목소리로 대화하는 습관이 들어 있다.

"언제 처음으로 나한테 반했어?"

"내가 제일 사랑스러워 보일 때가 언제야?"

나는 연애할 때도, 결혼해서도 남편과 이렇게 소소한 대화를 나누는 것을 좋아한다. 그런데 이런 이야기를 나도 모르게 일할 때처럼 전문적인 목소리로 말할 때도 있다. 그때마다 남편은 나와 그 목소리는 어울리지 않는다며 고개를 절레절레 젓는다. 물론 연애 기간을 포함해 알고 지낸 기간만 10년이 넘었고 나의 20대 성장 과정을 모두 봐온 사람이기에 바뀐 내 목소리가 충분히 이상하게 들릴 수 있다. 남편에게는 다른 사람들이 좋다고 느끼는 후천적인 내 목소리가 예전이랑 너무도 다르게 느껴지기 때문이다.

실제로 좋은 목소리와 좋지 않은 목소리를 나누는 기준을 감히 누가 나눌 수 있을까? 나는 목소리의 좋고 나쁨보다는 전달력의 여부가 좋은 목소리를 나누는 기준이 된다고 생각한다. 그런데 보통 애교 섞인 목소리는 전달력에 매우 취약하다. 애인에게 무언가를 부탁할 때 내는 귀여운 말투를 한번 생각해보자. 그때 당신의 입모양은 어떨까? 입안 공간은 얼마나 확보될까? 보통 이런 말투로 이야기할 때 입을 객관적으로 관찰하면 입모양은 작고 입안 공간도 작다. 이 공간을 크게 활용해주는 것이 발성에 중요한 포인트가 된다.

목의 아치를 열자

좋은 목소리의 세 요소가 바로 호흡, 발성, 발음이라는 것을 이제는 여러분도 알고 있을 것이다. 거기에 더해 호흡 방법을 흉식에서 복식으로 바꾸어 꾸준히 훈련한다면 호흡의 양이 늘고 조금 더 호흡을 의지대로 잘 뿜어낼 수 있다. 하지만 호흡만으로 좋은 목소리를 낼 수 있을까? 정답은 없지만 나는 호흡만으로는 부족하다고 생각한다. 호흡이라는 것은 좋은 목소리의 필수 불가결한 기본임에는 분명하다. 호흡이 성량을 좌지우지하고, 안정적인 전달을 하는 데 중요한 역할을 하기 때문이다. 하지만 여기에 발성이 더해진다면 보다 완벽한 음성이 만들어질 수 있다.

완벽한 음성에 가까이 다가가기 위해서는 주변에 있는 손거울을 손에 들고 고개를 뒤로 젖혀 천장을 바라보자. 그리고 들고 있는 손거울을 입이 보이게 비추고 입을 크게 벌려보면, 아래 그림과 같이 목의 아치가 보일 것이다. 만약 작게 보이거나 아예 보이지 않는다면 혀뿌리가 너무 높이 들려 있어 목의 아치를 막고 있는 것이라고 생각하면 된다. 목의 아치가 시원하게 개방되어 있지 않으면 하이톤 음성이나 허스키 보이스라고 불리는 쇳소리 혹은 갈라지는 음성이 나오기 쉽다. 복식호흡을 통해 폐를 통과한 공기가 목의 아치를 거쳐서 시원하게 구강 밖으로 나와야 하는데 혀뿌리가 막고 있어서 그 공기들이 여기저기로 다 새어나가게 되기 때문이다. 그래서 혀뿌리가 높다면 목의 아치를 막지 않도록 의식적

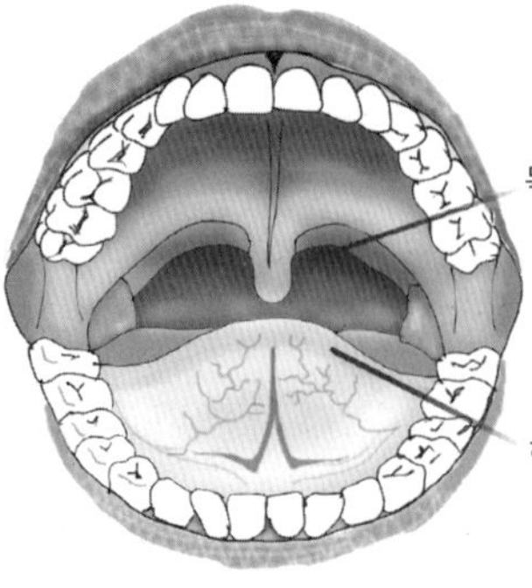

목의 아치를 여는 것, 즉 하품하듯이 연구개를 들어주는 것이 좋은 발성의 포인트다.

으로 내려주는 것이 좋다. 그리고 목의 아치와 같은 원리로 우리가 하품할 때를 떠올려보자. 혹은 바로 지금 하품을 해보자. 하품을 할 때 개운함을 느끼는 최고조에 우리의 구강 내부 모습을 이미지로 그려본다면, 혀뿌리는 내려와 있고, 연구개는 한껏 위로 들려져 있을 것이다.

입안 공간을 확보하면 울림이 생긴다

이렇게 목의 아치를 열어주고 연구개를 들어준다면 좋은 발성을 할 기본 준비는 다 된 셈이다. 물론 하품할 때의 그 느낌 그대로 대화를 한다면 우리 얼굴은 모두 찡그러지고 일그러져 있을 것이다. 그래서 하품할 때의 느낌을 입 속으로만 간직해주는 습관이 필요하다. 마치 입안에 사탕을 물고 있는 것처럼 약간의 공간을 허락하는 것이다. 공간이 있어야 연구개가 더 쉽게 들린다. 이것을 다른 말로 '공명'이라고 부른다.

공명은 입술에 힘을 뺀 채로 가볍게 입술을 다문 상태에서 입안에 왕사탕만큼의 공간을 주고 콧소리로 발성하는 방법인 '허밍(humming)'을 통해 입술을 간질이는 것이다. 입술 가운데 부분이 공명을 통해 떨리듯이 간지러워지면 입안 공간이 충분히 울리고 있다고 볼 수 있다.

그렇다면 연구개가 들리지 않은 채, 혹은 공명을 하지 않은 채

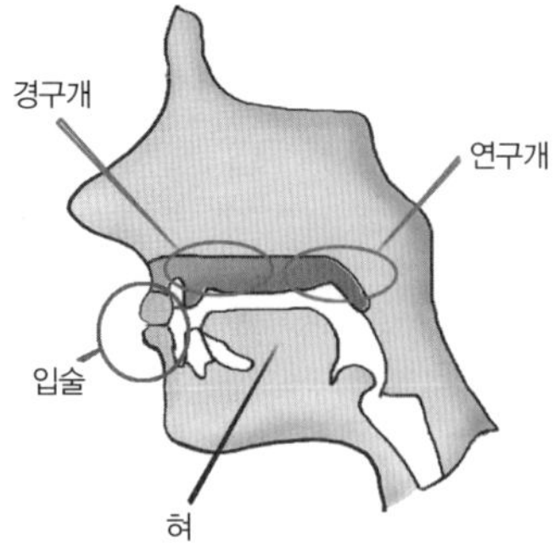

하품을 했을 때 입안에서 가장 높이 올라가는 부분이 연구개다.

말을 한다면 과연 어떤 음성이 들릴까?

일례로 우리가 흔히 듣는 어린아이가 떼쓰는 음성 혹은 처음에 이야기했듯이 여자친구가 남자친구에게 애교 있게 말하는 막힌 소리 등으로 들리게 된다. 목소리를 바꾸고 싶다고 찾아오는 많은 분들은 바로 이 연구개를 들어주지 않기 때문에 어린아이 음성(아성)을 가지고 있다. 그러면서 "회사에 보고드릴 때마다 부끄럽다", "사회생활을 하는데 목소리가 아기 같아 전달력이 없어 힘들다"며 고충을 토로한다. 또 남성분들은 울림 있는 단단한 소리를 가지고 싶지만 방법을 모른다거나, 억지로 성대에 힘을 줘서 눌러 내는 음성 때문에 목소리가 갈라지거나 상한 채로 온다.

남성들이 가장 좋아하는 '워너비' 목소리의 주인공은 배우 이병헌이라고 한다. 이병헌과 같은 소리를 가지고 싶다면 성대를 눌려서 억지로 내는 울림이 아니라 그 반대로 연구개를 높이 들어

소리를 앞으로 모아 구강으로 힘껏 빼주면 된다. 발성을 하는 훈련법은 목의 아치와 연구개에 신경을 쓴 다음 간단한 단어부터 배로부터 밀어주는 연습에서 시작한다.

아~~~ 버~~~ 지~~~

어~~~ 머~~~ 니~~~

바~~~ 다~~~~

이렇게 마치 성악가들이 발성하는 것처럼 성대에 힘이 들어가지 않은 상태로 뱉어주면 된다. 여기서 포인트는 낮은 음으로 시작해 높아졌다가 다시 낮은 음으로 도착하는 것이다. 훈련이 되었다면, "아~ 버~ 지~ 가~ 어~ 머~ 니~ 와~ 바~ 다~를~ 보~ 았~ 다~" 등의 긴 문장으로 한 호흡에 성대에 힘을 빼고 소리 훈련을 하는 것이 좋다. 목의 아치를 여는 것과 연구개를 들어주는 것은 좋은 음성을 만드는 데 분명 도움이 된다. 위와 같은 방법들로 충분히 훈련하면 분명 짧은 기간 내 목소리의 개선을 느낄 수 있을 것이라고 확신한다.

발음이 목소리를 완성시킨다

MC의 발음 실수는 결과가 가혹하다

말을 하는 다양한 현장에서 일하다 보면 나 또한 본의 아니게 실수를 하게 된다. 그 실수 중에서 가장 마음이 안 좋았던 실수는 바로 발음 실수였다. 발표 초보 시절의 나는 모든 현장에 들어가기 전에 입을 풀어주는 등 목소리 훈련에 철저했다. 하지만 어느 순간부터는 호흡이나 입 주변 근육을 푸는 것이 귀찮게만 느껴져 준비 운동도 없이 바로 발표를 시작했다. 그래서일까? 매너리즘이 부른 참사가 벌어졌다.

한 음악회의 사회를 맡아 진행을 보던 순간이었다. 아름다운 선율에 작은 율동까지 보여준 공연이 끝났고 박수를 유도하며 애드리브 멘트를 했다. "아름다운 음색에 어울리는 몸짓이 오늘 저녁 저희의 눈과 귀를 호강시켜주었습니다"라고 말하려고 했지만 여기서 단 한 글자 발음 실수를 하고 말았다.

"아름다운 음색에 어울리는 몸집이……."

누군가 '아 다르고 어 다르다'고 했던가. 몸'짓'이 몸'집'으로 바뀌는 순간 머릿속이 하얘지면서 혹시 공연팀의 몸집이 크다고 전달되지는 않았을까라는 생각에 당혹감을 감출 수 없었다. 이럴 때 그냥 모른 척 넘어가면 청중들도 '내가 잘못 들었구나'라고 생각하겠지만, 나는 발음 실수를 했다는 것이 너무 민망했다. 그래서 "몸집이 아니라 몸짓이죠. 몸짓이 정말 아름다웠습니다"라고 정정 멘트를 했는데, 몸집이라는 표현을 다시 들은 청중들이 여기저기서 웃기 시작했다. 그리고 무대에 올라와 있던 공연팀은 내 말에 자신들의 옷차림을 보며 다시 한 번 민망해했다.

그 일이 있은 뒤로 나는 어떤 상황에서도 입 주변 근육을 풀어주는 것을 소홀히 하지 않는다. 나의 작은 실수가 어떤 사태를 불러올 수 있는지 충분히 체험했고, 이런 초보적인 실수를 했다는 것 자체가 한동안 너무 부끄러웠기 때문이다.

자음 발음을 할 때는 입안을 부지런히 움직이자

이런 사례를 통해 좋은 목소리의 기본 조건 세 가지 중 마지막 하나, 바로 '발음'의 중요성을 이야기하고 싶다. 어눌한 발음, 혀

짧은 소리, 발음이 씹혀서 말을 더듬는 등 발음이 잘 되지 않는 사람들이 항상 찾아와서 하는 말이 있다. 바로 "제가 혀가 짧은가 봐요"라는 하소연이다. 이런 하소연이 통상적인 것을 보면, 아마도 우리가 사는 세상이 '혀 짧은 사람은 발음을 잘할 수 없다'라고 규정지은 것 같다.

하지만 발음은 유전적인 것이 아니라 소리가 만들어지는 부분인 입 주변 근육이나 혀 등의 조음점을 짚어주는 습관이 잘못 굳어진 것에서 비롯되는 경우가 많다. 따라서 혀가 움직이는 것이 불편할 정도로 짧지만 않다면, 충분한 훈련만으로도 좋고 명확한 발음을 낼 수 있다. 혀가 짧기 때문에 발음이 안 되는 경우보다는 다른 이유들이 더 많기 때문이다. 그중에 대표적인 문제는 아래의 두 가지다.

1. 말을 랩 하듯이 너무 빨리 하는 것
2. 입을 작게 벌리는 것

그런데 신기하게도 이 두 가지가 모두 한 가지 이유로 귀결된다. 그것은 조음점을 짚어주는 시간적, 공간적 여유를 주지 않는다는 것이다. 한글의 발음은 크게 자음 발음과 모음 발음으로 나뉜다. 자음 발음은 ㄱ, ㄴ, ㄷ, ㄹ, ㅁ, ㅂ, ㅅ, ㅇ, ㅈ, ㅊ, ㅋ, ㅌ, ㅍ, ㅎ이고, 모음 발음은 아, 에, 이, 오, 우다. 여기서 자음 발음은 혀끝의 위치와 입술소리 등 각 발음별로 조음점이 달라진다. 예를 들어 'ㄱ, ㅇ, ㅋ'은 입천장을 들어 혀끝이 연구개에 닿아야 하고, 'ㄴ, ㄷ, ㅌ' 은 혀끝이 윗니 뒤쪽에 닿아야 한다. 'ㄹ'은 혀끝이 입천장에 붙었다가 떨어지는 조음점(유음)을 가지고 있다. 여기에 'ㅈ, ㅊ'은 혓바닥 앞쪽의 3분의 1에 해당하는 부분이 입천장에 닿고, 'ㅁ, ㅂ, ㅍ' 등은 입술을 부딪치는 것이 알맞은 조음점이다. 'ㅅ'은 모음에 따라 혀끝이 윗니 뒤나 아랫니 뒤로 가야 하는데 사실 이 'ㅅ' 발음이 한국인이 가장 어려워하는 발음이라고 한다. 혀끝을 살짝 물어주면서 발음하기 때문인데, 이렇게 발음하면 약간씩 소리가 새는 영어 'th' 발음으로 들리기 쉽다. 따라서 'ㅅ'을 발음할 때는 혀를 안 물어주는 것이 가장 중요하다. 마지막으로 'ㅎ'은 가장 쉽게 나는 소리로 성대의 울림으로 나는 소리다.

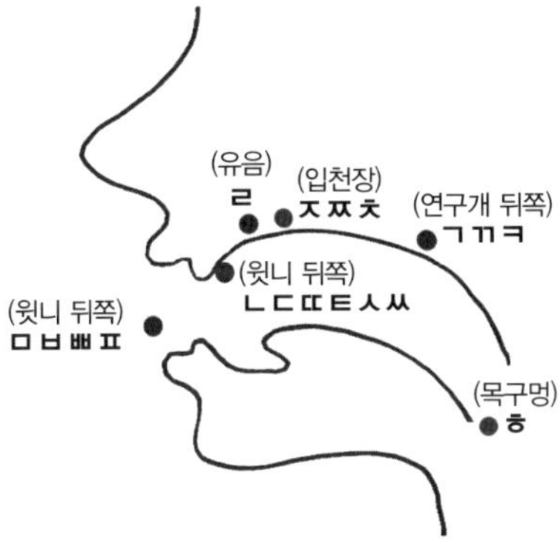

조음 위치에 따른 자음 분류

모음 발음을 할 때는 입술을 부지런히 움직이자

모음 발음은 입술을 떠올리면 생각하기 쉽다. 크게 상하, 좌우, 돌출이 있는데 '아, 야'는 입술을 위아래로 벌리는 것이고, '으, 이'는 양 옆으로, '오, 우'는 입술을 앞으로 삐쭉 빼는 것이다.

자, 그럼 이제 다시 한 번 생각해보자. 우리에게는 왜 어려운 발음이 있을까? 앞에서 말했듯이, 말을 빨리하는 습관 때문에 혀가 조음점을 제대로 터치할 '시간적 여유'를 주지 않기 때문이고, 특정 발음에서 입을 작게 벌리면서 혀가 조음점을 찾을 '공간적 여유'를 주지 않기 때문이다. 많은 사람들이 평소에 대화할 때 생각보다 입을 작게 벌린다. 하지만 '아, 야' 등의 상하 발음을 할 때에는 손가락 두 개가 세로로 입안에 들어갈 만한 크기만큼 벌려줘야 보다 명확하고 시원한 '아, 야' 발음을 할 수가 있고, '으, 이'를 발음할 때에는 옆으로 쫙 벌어지게, '오, 우'의 돌출형 발음은 보다 확실하게 입술을 모아주어야 한다. 특히 '오' 보다는 '우'를 발음할 때 입술이 더 돌출된다는 것도 알아두는 것이 좋다.

다음 그림은 실제 강의할 때 쓰는 슬라이드다. 발음이 좋지 못한 사람들은 평소에 발음하던 대로 위에 슬라이드에 적힌 순서대로 '가갸거겨……'를 한번 해보자. 그리고 다음은 '입을 크게 벌려야지'라는 마음으로 '가갸거겨……'를 해보며 입 크기 차이를 비교하면 그동안 얼마나 입을 작게 벌리면서 이야기하고 있었는지 느낄 수 있다.

우리가 수영을 하기 전에 준비운동을 하고, 야구선수들이 경기에 나서기 전에 몸 풀기 운동을 하듯, 제대로 발음을 하기 위해서는 입 주변 근육과 혀를 풀어주는 것이 좋다. 입술로 부르르 소리를 내준다거나, 양 뺨을 부풀렸다가 풀어주기, 혀로 입 청소해주기 등 입 풀기 방법을 다양하게 적용하면 발음하기가 한결 수월해진다.

그런데 여기서 한 가지, 간혹 발음을 교정한다고 볼펜을 물고 연습하는 사람들을 볼 수 있다. 그러나 이런 방법은 오히려 입 주변 근육을 제대로 쓰지 못하게 되기 때문에 좋은 결과를 가져오기 힘들다. 혀나 입 주위 근육이 자유롭게 움직이는 것을 방해하면 제대로 된 발음이 이루어지지 않기 때문이다. 발음은 습관으로 굳어지는 경우가 대부분이므로 그 습관을 버리고 새로운 발음 습관을 들이는 것은 사실 상당히 어렵다. 게다가 항상 하는 말이 습관으로 굳어진 것이라면, 그 습관을 바꾸는 데에는 더욱 많은 노력

손거울을 들고 진단표에 나온 대로 발음하면서 입이 얼마나 벌어지는지 진단해보자.

이 필요하다. 하지만 발음은 유전이 아니기 때문에 분명히 훈련을 통해 명확하고 또렷한 발음으로 만들 수 있다. 발음을 고치고 싶다면 혀와 입 주변 근육을 충분히 풀어주자. 입을 크게 벌리며 천천히 자음과 모음 조음점을 찾아 그 조음점대로 습관을 다시 들이는 것에 집중하자. 확실히, 여러분의 발음은 좋게 바뀔 것이다.

프리젠터의 일기 #4

10월 2일

익숙함에서 오는 실수

2014년부터 나를 믿고 일을 맡겨주었던 곳에서 의료 관련 세미나 행사가 들어왔다. 가벼운 발걸음으로 행사 장소로 향했다. 시작하기 전까지는 모든 것이 순조로웠다. 그런데 내빈이 도착하지 않아 어수선한 분위기가 이어졌고, 그러던 중 행사 시작 사인이 들어왔다. 갑작스러운 사인에 나는 적잖이 당황했다. 5년째 일을 맡겨주던 곳이었는데, 늘 하던 일이라고 쉽게 여겼던 걸까? 나는 행사 대본을 한 장 빠뜨리고 진행하는 실수를 저질렀다.

이미 머릿속은 혼돈 그 자체였지만 행사는 생방송과 같다. 내가 실수했다고 해서 "미안해요 다시 갈게요"라고 말할 수 없다. 이미 내빈은 내 진행에 맞춰 움직이고 있는 상황. 자연스럽게 새로운 흐름을 잡을 동안 내 입은 쉴 새 없이 무언가를 떠들고 있었지만 내 머릿속은 말 그대로 블랙아웃이었다. 그나마 무슨 말이든 내뱉고 있어서 정말 다행스러운 순간이 이어졌다.

제정신이 들 때쯤 보니 나는 행사 대본을 두 손으로 꽉 움켜쥐고 있었다. 그만큼 긴장했었던 것이다. 이런 긴장 상태가 이어진다면 행사를 순조롭게 진행하지 못할 것 같다는 생각에 정신을 가다듬고 다시 평온한 모습을 찾아 애드리브를 이어갔다. 현재 분위기를 정리하고, 각 격려사와 축사의 말씀에 대한 평, 적재적소에 박수 유도까지! 덕분에 행사 후에는 잘해주었다는 평가로 끝났지만 나 스스로에게는 만족스럽지 않았다. 난 일에서만큼은 스스로에게 엄격하다. 실수의 순간을 떠올리면 아직도 얼굴이 달아오른다.

그런데 이렇게 실수가 이어진 순간에서조차 배움이 있었다. 보통 행사장에는 내빈이 단상으로 나오는 시간이 필요하다. 자리 배석에 따라 내빈이 빨리 단상으로 올라올 수도 있고 늦게 올라올 수도 있다. 하지만 리허설 때 이 부분을 연습해볼 수는 없다. 내빈은 항상 행사 직전에 도착하기 때문이다. 따라서 내빈의 자리를 미리 파악하거나 내빈이 단상으로 나오는 시간을 가늠해두는 것이 좋다. 이번 행사에서는 걸음이 불편한 내빈께서 단상 위로 올라오기까지 1분이 조금 넘게 걸렸다. 이 1분 동안 박수만 유도할 수는 없다. 내빈이 행사에 참여한 의미나 표정, 패션 센스를 이야기하며 분위기를 살리는 것이 좋다. 순서를 마치고 단상 아래로 내려갈 때도 마찬가지다. 행사에서 사회자의 정적이 많아지면 그만큼 분위기도 부자연스러워진다. 그래서 전반적인 행사 분위기를 감지하고 관찰하는 능력이 필요하다.

무엇보다 중요한 것은 행사 대본을 넘길 때 한 장씩 잘 넘기는 것! 두 장이 넘어갈 때도 있다는 것을 나는 오늘에야 알았다. 실수가 계속되면 실력이라고 했다. 똑같은 실수를 하지 않기 위해 오늘 이 기록을 남겨놓는다.

오늘의 교훈

실수는 인정하자

실수를 인정하는 것은 상당히 힘들다. 내가 부족하다는 것을 인정하는 것과 같기 때문이다. 하지만 누구나 실수를 한다. 똑같은 실수를 두 번 하지 않는 것이 중요하다.

3초 안에 결정되는 첫인상, 3년 후에도 잊히지 않는 여운

좋은 첫인상은 오프닝으로 결정된다

흔히 첫인상은 3초 만에 결정된다고 한다. 그런데 그 첫인상을 바꾸기 위해서는 얼마의 시간이 필요할까? 연구마다 다르지만 길게 보면 10년 이상이 걸린다고 한다.

이런 이야기를 많이 들어서일까? 우리는 첫인상의 중요성을 너무나 잘 알고 있다. 일례로 면접을 보는 취업 준비생들의 경우 가장 먼저 준비하는 것이 바로 '자기소개'다. 예상 질문들 중에서도 빠질 수 없는 답변 리스트 1순위가 바로 나를 제일 처음 소개하는 일이다. 소개팅 때도 마찬가지다. 면접처럼 철저하게 준비하지 않더라도 어떤 이야기를 하면 좋을까 생각하며 여러 가지 멘트를 준비한다. 그런데 발표를 할 때도 첫인상이 상당히 중요하다는 것을 간과하는 사람들이 많다. 발표 전 모습을 떠올려보자. 대개는 발표를 앞두고 무대에 나가기 전 부끄러운 듯이 쭈뼛거리며 정면보다는 바닥으로 시선을 향해 자신 없는 듯 걸어간다. 미소도 없이 경직된 표정이다. 그러고는 첫 인사를 이렇게 건넨다.

"안녕하세요. 오늘 발표를 맡은 ○○○입니다. 오늘 주제는 ○○입니다. 목차는 이렇습니다."

아마도 이 책을 읽고 있는 어떤 사람들은 자기 이야기 같아 속으로 뜨끔할 수도 있을 것 같다. 나도 학생들의 발표부터 기업인, 유명인까지 다양한 발표를 들어왔지만 보통은 이 멘트에서 크게 벗어나지 않는 첫인사를 들었다. 너무나 재미없게 건네는 첫인사. 그것이 자신의 첫인상이 된다는 사실을 알고 있다면 이런 실수를 저지르지는 않았을 것이다.

한국비즈트레이닝의 컨설턴트로 활약 중인 안미헌 대표는 《사람을 움직이는 리더의 말》(흐름출판, 2012)에서 이렇게 썼다.

> 사람의 첫인상은 3~4초 내에 결정된다. 당신의 스피치는 처음 3분 안에 성공 여부가 결정된다. 인내심을 갖고 당신의 말을 끝까지 들어보라고만 하지 말고 말을 시작한 그 순간, 당신이 가진 매력을 보여라. 그것이 백만 불짜리 미소여도 좋다. 잘 차려입은 옷차림이나 멋진 외모여도 좋다. 물론 그보다 더 좋은 것은 충분한 준비를 마친 여유 있는 등장, 기분 좋게 이목을 집중시키는

첫 멘트 그리고 청중에 대한 당신의 따뜻한 눈빛이다. 사람들 앞에서 하는 모든 스피치는 단순히 말을 가지고 등장하는 것이 아니라 당신의 인생이 등장하는 것이다.

나는 여기서 '사람들 앞에서 하는 모든 스피치는 단순히 말을 가지고 등장하는 것이 아니라 당신의 인생이 등장하는 것'이라는 말에 백 번 공감한다. 처음 보는 사람의 인상만으로도 그것을 바꾸는 데 10년이 걸리는데 처음 보는 사람의 이야기까지 듣는 상황이면 그 첫인상은 더욱 강렬해지지 않을까? 따라서 사람들 앞에서 처음 소개하는 자리에서는 반갑게 인사하는 것을 포함해 첫 인상을 좋게 만드는 방법이 꼭 필요하다. 요즘 같은 어필의 시대에 자신을 표현하라고 주어진 금쪽같은 상황을 버리는 것만큼 아까운 일은 없다. 그렇다면 첫인상을 좋게 만드는 첫 인사 방법은 어떻게 시작하면 좋을까? 아래의 상황을 비교해보자.

〈A〉

안녕하세요. 지금부터 스피치 기법 강의를 시작하겠습니다. 저는 발표 불안이라는 주제를 준비했습니다. 목차입니다.

〈B〉

반갑습니다. 강사 최현정입니다. 와~ 오늘도 정말 많은 분들이

와주셨네요. 본격적인 강의에 앞서서 제가 퀴즈를 하나 준비해 왔어요. '사람들이 세상에서 가장 무서워하는 것'은 과연 무엇일까요? 궁금하시죠? 1위는 바로 배우자의 죽음이라고 하고요. 2위가…… '발표'라고 합니다. 발표가 배우자의 죽음과 비슷할 정도로 스트레스를 준다는 것에 공감하시나요? 아마 순간적으로 받는 스트레스 수치를 놓고 봤을 때 비등하다는 뜻일 것 같은데요. 우리 모두는 발표를 잘하고 싶지만 또 그만큼 발표에 스트레스를 받는다고 합니다. 물론 저도 마찬가지예요.

A와 B의 차이는 첫 인사 방법이 달랐다는 것에 있다. 나는 발표의 첫 인사를 오프닝이라고 생각한다. B의 멘트는 내가 실제 스피치 강의를 진행했을 때, 강의 주제와 어울리는 퀴즈를 준비한 후 나의 사례를 덧붙여서 청중의 호기심을 이끌어냈던 오프닝 방법 중 하나다. 이렇게 처음부터 청중의 몰입도가 달라지면 강의가 끝날 때까지 좋은 분위기가 유지된다. 오프닝을 준비하는 방법은 어렵지 않다. 먼저, 사진이나 동영상, 질문, 퀴즈, 에피소드, 인용, 통계, 스토리텔링 등 청중이 몰입할 수 있는 효과적인 방법을 선택한다. 그 후 내 소개, 공감 멘트(청중의 니즈), 주제의 중요성의 순서로 흐름을 잡아주면 된다. 만약 스피치 강의에서 질문이나 퀴즈를 활용해 오프닝을 하고 싶다면 위와 같이 발표는 모든 사람이 두려워한다는 관련 퀴즈로 오프닝을 준비해가면 좋다. 누군가의

말을 인용하고 싶다면 포털 검색창에 좋은 명언들을 검색해서 주제와 관련된 명언을 발췌하면 된다. 나는 굿네이버스가 주최한 초·중·고등학생 대상의 동기 부여 강의에 갔을 때 인용을 통해 이런 오프닝을 활용하기도 했다.

"오랫동안 꿈을 그린 사람은 그 꿈을 닮아간다는 말이 있습니다. 여러분 눈에는 제가 어떻게 보이나요? (학생들은 대부분 아나운서라고 말한다.) 맞아요. 다들 감사하게도 현재는 그렇게 이야기해주시는 분들이 많습니다. 그런데 사실 저는 아나운서와는 아주 거리가 먼 사람이었어요. 대신 누구보다 아나운서가 되는 꿈을 오래 꾼 사람이었죠. 여러분과 비슷한 나이 또래였던 제 아주 오래전 이야기부터 해볼까요? 제가 중학생 때였습니다……."

이런 오프닝이라면 청중들은 단지 강사의 이름을 소개받는 것보다 더 흥미를 가지고 강사의 말에 집중할 수 있을 것 같다는 생각이 든다. 강의뿐만이 아니라 다른 모든 발표에서도 오프닝은 매우 중요하다. 경쟁 입찰 프레젠테이션을 할 때도 마찬가지다. 대기업 프리젠터로서 프레젠테이션을 준비할 때 내가 가장 많이 고민하는 부분은 콘셉트였다. 그리고 다음이 콘셉트와 어울리는 오프닝이었다. 당시 앞두고 있던 프레젠테이션의 고객사는 건강식에 대한 '니즈'가 있었다. 나는 그에 부합하도록, 건강에 어울리는 오프닝 발표문을 만들었다.

"안녕하세요. ○○○기업의 발표자 최현정입니다. ○○○기업의 목표! 바로 건강한 식사로 모두가 건강하게 오래오래 사는 것입니다. 그런데…… 앞으로 제가 발표를 할 15분 동안 안타깝게도 성인 네 명이 사망합니다. ○○○기업은 지난 33년 동안 이러한 생명을 구하기 위해 노력해오고 있습니다. 하지만 아시다시피 저희는 의사가 아닙니다. 급식을 전문으로 하는 기업이죠. 그런데 왜 생명을 구하기 위해 노력하는지 궁금하신가요?

우리는 범죄 등으로 삶에 피해를 입는 것은 걱정하지만 잘못된 식습관으로 피해를 입는 일에는 두려움을 잘 느끼지 못합니다. 사실 앞서 말씀드린 네 명의 사망자는 잘못된 식습관으로 인해 15분 동안 사망하는 인구수입니다. 저희는 '음식이 지닌 힘'에 대해 확고한 믿음을 가지고 있습니다. 음식이야말로 여러분이 꾸린 가정의 기본이고, 또 삶에서 최고의 순간들을 선사해줍니다. 15분 동안 사망하는 숫자가 세 명 그리고 두 명으로 줄기 위해서는 식습관 개선이 꼭 필요합니다. 그래서 오늘 ○○○기업이 여러분을 위해 가지고 온 제안! 바로 건강한 식단과 식습관입니다."

어디서 많이 본 내용이라는 생각이 들 것이다. 이 오프닝은 영국의 요리사 제이미 올리버(Jamie Oliver)가 TED 강연 때 활용했던 멘트를 살짝 수정한 것이다. 오프닝은 절대 어렵지 않다. 오프닝 인사이트도 어디서나 찾아볼 수 있다. 저작권에 위반되지 않는 선에서 다양한 방법을 활용한다면 멋진 오프닝 멘트를 무궁무진하게 만들어낼 수 있다.

말의 여운은 클로징으로 결정된다

직업정신 때문인지 나는 책이나 인터넷을 검색하면서 발견하는 좋은 글귀들은 모두 모아두는 습관이 있다. 좋은 글귀 메모장이 따로 있을 정도다. 그래서 지금은 오프닝을 만들 때마다 이 메모장을 뒤적이며 빠르게 오프닝을 생각해낸다. 그런데 이 오프닝에도 짝이 있다. 바로 클로징이다. 이번에는 발표의 마지막을 장식하는 클로징에 대해서 이야기해보겠다.

"줄까 말까 할 때는 주세요!!"

모 대학교 2차 경쟁 입찰 프레젠테이션에서 클로징으로 사용했던 문장이다. 저 클로징을 할 때 심사위원으로 계셨던 총장님, 교수님 모두 다들 웃음이 터져서 수습이 안 되었던 기억이 있다. 에피소드를 말하자면, 1차 경쟁 입찰 프레젠테이션에서 우리 기업이 가장 잘하는 것 같긴 한데 확신이 들지 않던 대학교 측에서 다시 한 번 우리를 불렀다. 당시 담당자뿐만 아니라 나도 몇 번이나 방문해서 설득하고 자료도 준비하는 등 이미 양쪽 다 진이 빠진 상태였다. 그래서 이번 기회에 꼭 확답을 받아야만 한다고 생각하고 서울대학교 최종원 교수의 유명한 글을 클로징으로 준비해갔다.

"먹을까 말까 할 때는 먹지 말고, 말할까 말까 할 때는 말하지 말고, 할까 말까 할 때는 하고……."

여기까지 이야기한 나는 아주 애절하지만 당당하게 몇 보 앞으로 나가서 총장님과 교수님을 바라보며 크게 외쳤다.

"그런데…… 줄까 말까 할 때는 주세요!"

내 클로징이 끝나자마자 심사위원들은 다들 웃음을 참지 못하며 아주 좋은 분위기로 "맞아요. 줄까 말까 몇 달 동안 고민했는데 줘야겠어요"라며 수주를 약속했다.

오프닝이 첫 인상을 좋게 만들기 위한 것이라면 클로징은 나의 첫 인상을 더욱 강렬하게 만들어주는 수단이다. 오프닝과 마찬가지로 사진이나 동영상, 질문, 퀴즈, 에피소드, 인용, 통계, 스토리텔링 등에서 어울리는 방법을 선택해 활용하면 된다. 다만 오프닝처럼 내 소개, 공감 멘트(청중의 니즈), 주제의 중요성의 순서가 아닌 '다시 한 번 강조하고 싶은 말'을 클로징으로 만들어주는 것이 좋다. 오프닝이 청중의 호기심을 이끌기 위해 물음표를 던지는 것이라면, 클로징은 주제에 대한 강력한 느낌표를 찍어주는 것이다. 어울리는 오프닝과 클로징을 잘 준비해갈 수만 있다면 당신의 발표도 수준이 높아지고 몰입력이 커질 수 있다. 단지 '발표의 앞과 뒤에 1분도 안 되는 멘트를 준비할 뿐인데 달라지면 얼마나 달라지겠어?'라고 생각하는 사람들에게 이 이야기를 마지막으로 하고 싶다.

"달라지는 것은 단 하나, '전부'다."

프리젠터의 일기 #5

8월 27일
장소 + 질문의 중요성

발표를 마친 어제부터 오늘까지 기분이 좋지 않다. 오랜 기간 발표를 해왔지만 내 예상을 빗나간 상황에서 대응을 잘하지 못했을 때 자꾸만 나를 질책하게 된다. 어제는 두 가지의 상황이 나에게 주어졌다.

첫째, '장소'

이번 발표장은 장소에 대한 정보가 전혀 없었다. 하지만 이 부분은 경쟁업체 모두가 똑같기에 그 어떤 핑계도 댈 수 없다. 발표를 하러 들어가니, 발표할 장소는 슬라이드가 높이 걸려 있었고 연단에 스탠드 마이크가 있는 상황이었다. 내 키를 넘겨 천장에 높이 걸려 있는 슬라이드가 시야에 들어오지 않아 살짝 연단의 위치를 옮겨서 시야를 확보한 것까지는 좋았다. 어차피 앞에 나서서 발표를 못 하고 연단에 서서 해야 하는 상황임을 감지하고, 연단에서 발표를 시작했다. 여기까지도 좋았다. 그런데 나의 오른편에 고정되어 있던 마이크를 간과했다. 심사위원들과 아이 콘택트를 하며 한 분 한 분에게 전달한다는 생각으로만 임하다 보니 내 고개는 여기저기로 움직일 수밖에 없었고, 핸드 마이크가 아니었기에 고개가 움직일 때마다 음량이 자동적으로 조절되었다. '아, 이럴 때는 그냥 하나를 포기해야 한다'라는 것을 알았음에도 함께 고개를 끄덕여주는 심사위원들의 모습에 자꾸만 내 고개와 시선은 심사위원을 향했다. 그렇게 발표가 끝나니, '과연 내가 잘 전달했을까?',

'음성 조절 실패로 전달력이 오히려 더 떨어지진 않았을까?'라는 후회가 물밀듯이 몰려왔다. 다음에는 차라리 시나리오를 준비해서 시선 없이 차분히 읽어 내려가는 것이 더 전달력이 있을 것 같다는 생각도 함께 해본다.

둘째, '질문'

가끔 심사위원들은 질문을 두루뭉술하게 한다. 질문을 한꺼번에 여러 개 던지거나, 질문의 요점보다 수식어가 많거나 그리고 마이크를 입에 너무 가까이 대서 울림 때문에 '웅웅'거리는 소리만 들린다거나. 그러면 듣는 입장에서 멘붕(?)에 빠진다. 질문을 정확히 파악해야 정확한 답변을 할 수 있는데 질문을 들어도 의도가 파악되지 않으니 말이다. 그럴 때는 "네, ○○부분에 대해서 ○○하신다고 말씀하셨는데 그렇다면 ○○에 대해서 답변 드려도 될까요?", "○○에 대해서 질문을 주신 것 같습니다"라고 말하며 심사위원이 왜 질문했는지에 대한 의도를 다시 한 번 파악해야 한다. 예를 들어서 심사위원이 "현재 이 지역은 사람도 없고, 놀 것도 없고, 먹을 것도 없어요. 그런데 제안 내용을 보니까 ○○도 있고, ○○도 있네요. 이런 건 좋을 것 같아요. 여기는 대개 십대들이 많이 와요. 그들이 무엇을 좋아할 것 같나요? 조금 걱정되네요. 방문객들이 꾸준하게 와야 될 텐데……"라고 긴 내용의 질문을 전달했다면, 그에 대한 키워드인 '방문객 유입'만 기억하고 '방문객을 어떻게 꾸준하게 유입할 것인가?'에 대해서 답변해도 되는지 다시 한 번 물어보는 것이다. 항상 의도 파악이 제일 중요하다.

만족할 만한 발표를 못 했을 때 나는 후회되는 요소를 찾아내고, 또 마음껏 자책한다. 그리고 그 상황을 계속 곱씹어보면서 내가 왜 그렇게 행동했는지, 그렇다면 다음에는 어떻게 하면 좋을지 끊임없이 생각한다. 그리고 그 생각이 깔끔하게 정리될 쯤에야 우울한 감정에서 벗어난다. '전문 프리젠터'라는 직함에서 '전문'이라는 수식이 어울리는 사람이 되기 위해서는 내가 가진 실수를 인정하고, 그것을 개선해나가는 노력을 끊임없이 해야 한다. 멈춰있는 자가 아닌 노력하는 자가 진정한 전문인이 아닐까?

오늘의 교훈

발표를 앞두고 미리 현장 리허설을 실시하자

발표 장소를 미리 파악하는 것만으로도 발표하는 데 상당한 도움이 된다. 장소를 파악하면 발표할 때의 동선과 아이 콘택트 등 '전달(Delivery) 전략'을 보다 알맞게 연출할 수 있다.

질문에 대한 준비를 철저히 하자

예상 질문 리스트를 100개 이상 만들고 그에 따른 답변을 30개 이상 준비하자. 답변보다 질문이 많은 이유는 질문의 의도가 겹치는 경우가 많기 때문이다. 예를 들어 '홍보 전략'과 '방문객 유입'은 다른 질문이지만 그 의도는 같기에 똑같은 답변이 가능하다. 질문이 길어지더라도 의도만 잘 파악하면 좀 더 쉽게 답변이 가능해진다. 100개의 질문, 30개의 답변을 준비하고 질의응답도 발표 연습하듯이 리허설을 해보자.

청중의 관심을
끄는 쇼맨십의 비밀

보기 좋은 것도 실력이다

우리가 누군가에게 잘 보이고 싶을 때 보통 어떻게 할까? 소개팅, 면접, 고객사 미팅, 상견례 자리 등을 한번 떠올려보자. 잘 차려진 옷을 입고 몇 번이고 거울을 보면서 옷매무새를 체크하며 어떻게 하면 멋지게 보일 수 있을지 계속해서 고민한다. 발표를 할 때도 이렇게 상대방에게 잘 보이고자 하는 노력이 필요하다. 칭찬이나 선물 등도 좋다. 하지만 나는 무엇보다 쇼맨십을 준비하는 것이 중요하다고 생각한다.

쇼맨십은 아주 거창한 것이 아니다. 상대방이 흥미를 가질 만한 시각적 연출을 하는 것이다. 모두가 알고 있는 마이크로소프트 창업자인 빌 게이츠(Bill Gates)를 예로 들어보자. 빌 게이츠는 연설을 잘하는 사람이 아니다. 오히려 그의 발표를 듣고 있으면 살짝 지루한 느낌이 들 때도 있다. 그런데 빌 게이츠의 연설 중에서 가장 호응이 좋았던 연설이 있다. 그리고 그 연설은 지금까지 그가 했던 연설 중 가장 높은 조회수를 기록했다.

그 연설은 2009년 TED 강연에서 '모기, 말라리아 그리고 교육(Mosquitos, malaria and education)'이라는 주제로 한 연설이었다. 당시 강연장에서 "말라리아는 불치병이 아님에도 매일 1,700여 명의 목숨을 앗아가고 있다. 우리 모두의 관심과 지원이 필요하다"고 강조를 하던 빌 게이츠는 가난한 나라 사람만 말라리아에 걸리라는 법이 없다며 갑자기 유리병을 꺼내더니 병 안에 있던 모기 몇 마리를 강연장에 풀어놓았다. 그때 청중들은 당혹감과 동시에 빌 게이츠를 향해 크게 환호했다. 실제 모기를 풀어놓는 그의 모습에

강연장에 모기를 풀어놓아 청중을 환기시킨 빌 게이츠 (※출처: TED TALK)

아마 졸던 청중도 놀라서 일어났을 것이다. 물론 모기는 경각심을 일깨우기 위한 수단이었을 뿐 말라리아에 감염된 모기는 아니었다. 그리고 이 쇼맨십 하나로 빌 게이츠의 TED 강연은 그의 연설 가운데서도 으뜸으로 손꼽히게 되었다.

쇼맨십의 귀재, 스티브 잡스

또 다른 예를 들어보자. 여러분도 잘 아는 발표의 귀재라고 불리는 사람이 있다. 그런데 나는 이 사람을 발표의 귀재보다 쇼맨십의 귀재라고 부르고 싶다. 바로 스티브 잡스다. 그가 새로운 IT 기기를 선보일 때마다 전 세계의 이목이 그의 프레젠테이션에 집중되었다. 그 시작은 아이팟 나노 론칭 프레젠테이션 때라고 생각한다. 이름에 걸맞게 아이팟이 작아졌다는 것을 강조하며 얼마나 작아졌는지 실물을 보여주기 직전, 카메라 앵글은 그의 청바지 주머니를 비춘다. 그리고 스티브 잡스는 이렇게 말한다.

"여기 있는 일반 사이즈 주머니에는 기존의 아이팟 미니가 들어갑니다. 그런데 이 위에 있는 더 작은 주머니, 이건 도대체 왜 만들어져 있는 것일까요? 저는 항상 그것이 궁금했습니다. 그런데 이제부터 우리는 그 이유를 알게 될 것입니다. 왜냐하면 이 주머니에는 새로운 아이팟 나노가 들어 있기 때문이죠."

그러면서 스티브 잡스는 청바지의 작은 주머니에서 슬림해진 아이팟 나노를 직접 꺼내 청중들에게 보여준다. 그에게 보내는 청중들의 환호는 상당했다. 맥북에어 론칭 프레젠테이션 때도 그의 쇼맨십은 진가를 발휘한다. 휴대용 컴퓨터는 가벼워야 하고, 따라서 애플은 더욱 얇게 만들어냈다며 실제 서류 봉투에서 맥북 에어를 꺼내는 그의 모습이 기억날 것이다. 이런 방식으로 스티브 잡스는 여러 신제품 론칭 프레젠테이션을 통해 발표에도 시각적 연출이 중요하다는 것을 알려주었다. 그리고 프레젠테이션 세계에 새로운 한 획을 그으며 프레젠테이션의 전성기를 이끌었다. 그 이후에 프레젠테이션의 판도가 시각적 자료 및 키워드를 강조하는 것으로 바뀌었다고 해도 과언이 아니다.

이처럼 쇼맨십으로 환호를 이끌어내는 것도 분명히 실력, 그것도 아주 뛰어난 실력이다.

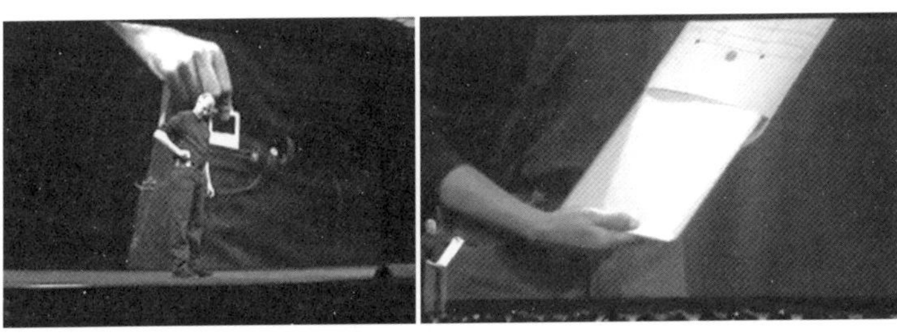

스티브 잡스의 프레젠테이션에는 늘 '쇼맨십'이 빛났다. (※출처: 스티브 잡스 맥북에어 프레젠테이션)

아이디어가 곧 쇼맨십이다

내가 전문 프리젠터로 일할 때에도 스티브 잡스는 많은 영감을 주었다. 나 또한 발표에 쇼맨십이 필요하다는 생각을 하고 있었지만 어떻게 적용을 해야 하는지 몰라 고민이 많았다. 그러던 중 기회가 찾아왔다. 초창기 제임스 딘(James Dean)을 광고 모델로 기용했던 한 외국계 회사에 경쟁 입찰 프레젠테이션을 들어가게 된 것이었다. 평소 정장 차림으로 발표를 진행해왔던 나는 과감히 정장을 벗었다. 그리고 제임스 딘처럼 하얀 티셔츠와 청바지를 입고 실전 경쟁 입찰 프레젠테이션 현장에 도착했다.

우리 순서가 되었고, 나는 심사위원 앞에서 인사를 한 후 재킷을 벗었다. 그러자 현장에 있던 모두가 반짝이는 눈으로 나를 바라봤다. 그것도 아주 기분 좋게 웃으면서 호의적인 눈빛으로 조금 더 나를 향해 의자를 바짝 당겨서 앉기 시작했다. 경쟁 입찰 프레젠테이션 특유의 무거웠던 분위기가 탁 풀리는 느낌이었다. 네 개 업체 중 세 번째 순서라 분명 이전 발표들로 인해 심사위원들이 지쳐 있을 것이라는 걱정이 많았지만, 이러한 쇼맨십 덕분에 분위기가 좋아졌다. 시작이 활기를 띠면서 발표자인 나의 기분도 가벼워졌다. 제임스 딘을 광고 모델로 삼은 곳이었기에 하얀 면 티셔츠로 분위기를 환기해보자는 내 전략이 그대로 먹혀든 것이다.

그 뒤로는 '나의 무대다'라는 생각으로 청중들의 눈빛을 보며 동선을 이동하고 에피소드와 유머를 섞어 길지 않은 30분을 마무리했다. 진심을 다해 클로징까지 한 후, 호의의 미소를 지어주는 심사위원들을 보면서 뿌듯해졌다. 그리고 그 뿌듯함이 채 가시기도 전에 보물 같은 반응이 나왔다.

"순서 때문에 저희도 걱정을 많이 했는데 발표를 너무 잘해주셔서 깜짝 놀랐습니다."

"영화 같은 프레젠테이션이었습니다."

사실 쇼맨십이라는 것은 아주 대단한 연출이 아니다. 듣는 사람이 좋아하는 것을 고민하는 과정에서 쇼맨십의 작은 아이디어가 시작되는 것이다. 나에게도 첫 쇼맨십은 고객사가 흥미 있어 할 새로운 콘텐츠를 시도해보는 것이었다. 고민을 하면 노력하게 되고 아쉬움 없는 발표를 할 수 있다.

프리젠터의 일기 #6

6월 29일

실전 경쟁 입찰 프레젠테이션의
숨 막히는 분위기

세 개 업체 중 당일 추첨으로 우리 팀은 3번의 순서를 받았다. 준비를 많이 했고 보여줄 것이 많았기에 3번이라는 숫자를 받은 순간부터 수주할 수 있을 것이란 촉이 발동했다(보통 경쟁 열위에 있다면 첫 번째 순서, 경쟁 우위에 있다면 마지막 순서가 좋다). 15분 발표, 5분의 질의응답. 질의응답이 길어진 첫 번째 업체는 2시 3분에 들어가 2시 38분에 나왔다. 약 30여 분의 시간 끝에 나온 그들의 표정은 밝지 않았다. 유리창 너머로 봤을 때 아무런 강조점이나 동선 이동 등이 없이 단상에 선 자세로 발표를 했던 그들이었기에 30분의 시간이 심사위원에게 상대적으로 더 길게 느껴졌을 것이라는 생각이 들었다. 두 번째 업체의 입장. 전문 프리젠터를 영입한 이 업체는 각종 발표 연출을 하며 프레젠테이션을 했다. 내용은 파악이 어려웠으나 2시 40분에 들어간 그들이 나온 시간은 3시 10분. 첫 번째 업체보다 5분이 줄어든 시간이었다. 문을 나선 후, 그들은 알 수 없는 표정으로 퇴장했다.

드디어 우리 차례다. 우리는 3시 15분에 입장했다. 이미 많이 지쳐 있는 얼굴의 심사위원 일곱 분과 두 번째 열의 참관인 그리고 관계자들. 가운데 앉아 있던 위원장님은 귀찮다는 듯이 "집에 빨리 가야 한다"고 말끝을 흐리며 시작을 요청했다. 그다지 좋지 않은 분위기에서 인사를 하고 오프닝을 시작했다. 항상 그래왔지만 제안서를 미리 읽지 않은 듯 우리 발표를 듣기보다 제안서를 뒤적이는 모습이었다. 심사위원들의 고개를 들게 하고 싶었다. 나는 왜 우리가 이 일을 해야 하는지 그 당위성을 오프닝으로 전달했다. 그러자 일곱 분 중 세 분이 고개를 들었다. 드디어 눈을 마주친 순간, 너무 감사하다는 느낌의 미소와 함께 고개를 끄덕이니 역시나 함께 고개를 끄덕여준다. 하지만 다른 네 분의 고개는 쉽게 들리지 않았다. 나를 바라봐주는 사람과 아이 콘택트를 하는 것은 당연하다. 그러나 그 순간에도 날 보고 있지 않았던 사람이 갑자기 고개를 들어 날 바라본다면 그 사람과도 얼른 아이 콘택트를 나눠야 한다. 한번 나누면 계속 나누게 되는 것이 '아이 콘택트'니까!

단순히 슬라이드 내용만을 나열하는 프레젠테이션을 하고 싶지는 않았다. 그래서 최대한 쉽고 재밌게 내용에 스토리를 붙여가며 발표에 따라올 수 있도록 흥미롭게 진행했다. 그리고 개별 슬라이드에 관심을 가지는 심사위원이 있으면 센스 있게 1~2초 정도 슬라이드 넘기는 시간을 조정했다. 그렇게 정확히 14분 48초 만에 프레젠테이션을 마쳤다. 그 후에 묘한 정적이 이어졌다. '어라? 질의응답이 없다. 이게 뭐지?'라는 당혹스러움이 밀려왔다. 어렵게 한두 가지 질의를 받고 답변을 한 후, 역시나 빠질 수 없는 "발표자는 직원입니까?"라는 질문을 마지막으로 우리는 퇴장했다(아무래도 전문적으로 프레젠테이션을 하다 보면 일반 직원들이 프레젠테이션을 하는 것보다는 흡입력이나 음성, 시각적 언어 연출의 차이 때문인지 항상 받게 되는 질문 중 하나가 소속 직원이 맞는지 여부다).

우리가 총 소요한 시간은 요청 시간이었던 딱 20여 분. 질의응답이 없다는 건 '발표가 설득력이 있었다거나', '이미 이전에 발표한 다른 업체가 마음에 들었다거나'일 텐데……. 결과가 궁금하지만 내일이 되어야 알 수 있다. 그래도 시나리오를 4차에 걸쳐 스토리 라인 넣으며 수정했기에, 또 업체의 입장이 아닌 심사위원의 입장으로 발표했기에 '수주'라는 영광이 찾아오길 바라고 또 바라본다.

P. S 일주일 후 결과가 나왔다. 역시 이번 경쟁 입찰 프레젠테이션도 수주로 이어졌다는 반가운 소식이었다.

오늘의 교훈

처음부터 내 편은 없다

발표에 임할 때 청중을 내 편으로 만들고 싶다는 생각으로 임하면 내가 하는 발표에 더욱 큰 애정이 간다. 그리고 진정성 있는 발표가 가능하다. 나의 발표에 애정을 느끼고 진심을 전달한다면 분명 청중의 긍정적인 반응을 이끌어낼 수 있다.

발표의 감초,
연출

때로는 연출이 필요하다

발표 기법이라는 것은 정말 존재하는 것일까? 나는 지금도 발표 기법에 대해 수많은 고민을 한다. 보통 발표 컨설팅을 진행하면 짧게는 다섯 시간에서 열 시간까지 이어진다. 기획, 스토리텔링뿐만 아니라 실제 발표 리허설을 보고 자세, 아이 콘택트, 제스처, 동선 등의 시각적 연출을 적용한 후 질의응답 및 리허설 방법 등에 대해서까지 의견을 나눈다. 하나부터 열까지, 전 과정 모두가 중요하다. 하지만 간혹 혹자는 이러한 시각적 연출이 단지 보여주기 위한 '쇼(Show)'일 뿐이라고 그 기능을 축소해서 말한다.

나도 호소력 있는 발표를 위해서 가장 중요한 것은 '진심'이라는 것을 알고 있다. 그래서 진정성을 강조하기 위해 시각적 연출을 등한시해본 경험도 있다. 내용적인 면에 가장 시간을 많이 할애했던 것이다. 그런데 시각적 연출이 들어가지 않은 발표를 하면 그 피드백이 생각보다 좋지 않은 적이 많다. 내용이 아무리 좋더라도 '전달(Delivery)'이 잘 되지 않으면 좋은 내용을 전하는 데 어려움이 생긴다는 것을 알게 된 것이다. 고급 호텔이나 유명 음식점들도 맛이 좋은 음식들을 아무렇게나 내보내지 않는다. 예쁜 식기를 사용하고 어울리는 플레이팅을 통해 고객들에게 먹는 즐거움과 함께 보는 즐거움까지 선사한다.

발표도 마찬가지다. 100이라는 좋은 내용을 준비했다면 그 100을 모두 보여줄 수 있도록 연출을 가미하는 것이 좋다. '나는 내용을 완벽하게 준비했으니까!'라는 생각으로 내용에만 몰두한다면 백 가지 중에서 스무 가지밖에 전달하지 못하는 상황이 벌어지게 되기 때문이다. 아나운서처럼 꾀꼬리 같은 목소리, 전문가 같은 자세를 말하는 게 아니다. 적어도 청중이 있고 그 청중을 설득하는 스피치를 하는 사람이라면 정성스러운 아이 콘택트, 의지가 전달될 수 있는 제스처, 흐름을 느낄 수 있는 동선 등은 한 번쯤 생각해보는 것이 좋다. 프레젠테이션의 귀재로 보이는 스티브 잡스조차도 걸음 하나, 제스처 하나 모두 수십 번의 연습을 통해 탄생한 것이라는 이야기는 아주 유명하다.

시각적 연출을 소홀히 한다면 발표 전 무의식적으로 거만하게 무대로 올라와 고개만 까딱거리는 인사를 하게 될 수도 있고, 청중을 가리킨다는 것이 청중을 향해 손가락질을 하는 모습으로 비쳐질 수도 있다. 대충 하는 발표가 아닌 정말 자신이 준비한 만큼 최선을 보여줄 수 있는 발표는 모든 부분을 허투루 생각하지 않는 데에서 시작된다. 따라서 알고 있으면 좋을 만한 기본적인 시각적 연출 방법들을 소개해볼까 한다.

시각적인 연출을 잘하기 위한 팁

1. 자세 및 제스처

첫 번째는 바로 자세다. 발표를 하는 사람들의 자세를 보면 긴장감에 차렷 자세를 하고 있거나 자신이 떠는 것을 들키지 않기 위해 혹은 손을 어디에 둘지 몰라 뒷짐을 지고 발표를 하는 모습을 많이 볼 수 있다. 하지만 지금부터는 그 자세를 버리고 남자라면 양 발을 어깨 넓이로 벌려주고, 여자라면 11자 형태로 양 발을 붙여주거나 한쪽 발을 45도 각도로 살짝 앞으로 내밀면 더욱 자신감 있는 자세를 연출할 수 있다. 그리고 양 손은 모아서 배꼽 아래 단전 부분에 살포시 포개주면 기본적인 바른 발표 자세가 연출된다. 청중과 소통할 때는 청중을 향해 손가락질을 하기보다는 손바닥이 보이게 팔을 앞으로 쭉 펴주면서 가리키는 것이 좋고, 화면의 슬라이드를 가리킬 때는 손가락 사이를 벌리지 말고 손가락들을 붙인 상태에서 역시나 손바닥을 보여주는 것이 가장 좋다.

한쪽 발을 앞으로 내민 상태에서 45도 각도로 서는 게 좋다.

손은 배꼽 아래 그림과 같이 포갠다.

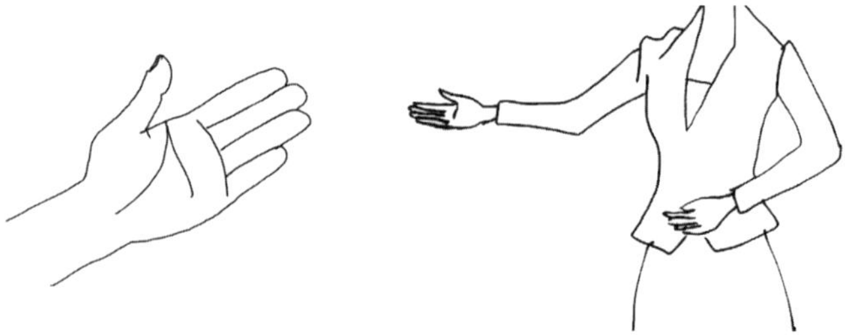

제스처는 당당하게, 청중에게 손바닥이 보이도록 하는 것이 좋다.

2. 인사

발표를 앞두고 가장 어색한 순간은 청중에게 인사할 때다. 그래서인지 발표에 익숙하지 않은 사람들은 인사를 소홀히 하는 경향이 있다. 발표가 시작되면 자신감 있는 걸음으로 무대로 나간다. 그리고 연단에 선 상태에서 아주 반갑다는 듯 미소를 지으며 2~3초간 청중들을 바라본다. 그 다음에 준비한 인사말을 한다. 인사말이 끝나면 상체를 숙여 인사를 하고, 숙인 상태에서 1초 정도를 유지한 뒤 미소를 지으며 올라오면 된다. 중요한 것은 인사말을 한 다음에 고개를 숙이는 것이다. 이때도 고개만 까딱 숙이는 것이 아니라 어깨 전체를 45도쯤 숙인다고 생각하면 좋다.

3. 아이 콘택트

나는 아이 콘택트를 이야기할 때마다 '입맞춤보다 어려운 눈맞춤'이라고 소개한다. 눈을 맞추는 것을 부끄러워하는 사람들이 많다. 그래서인지 눈맞춤 대신 상대방의 인중이나 미간을 바라보라는 말도 많이 들었을 것이다. 하지만 인중이나 미간을 바라보는 것은 눈을 맞추는 것보다 더 어렵다. 인중이나 미간을 바라보다가 갑자기 눈이 마주쳐지면 당황스러운 마음에 하던 말을 버벅거릴 수도 있다. 아이 콘택트를 하는 가장 큰 이유는 나의 자신감과 신뢰감을 보여주기 위해서다. 사람들은 거짓말을 할 때 자동적으로 눈을 마주치지 못하거나 피하게 된다. 발표도 마찬가지다. 청중을 향해 발표를 할 때 슬라이드만 보면서 눈을 마주치지 않는다면, 청중은 발표자가 거짓말을 하고 있다고 생각할 수도 있다.

아이 콘택트에는 크게 세 가지 방법이 있다. 발표하는 것이 너무 떨리는 사람은 나를 향해 호의적인 모습을 보여주는 청중을 바라봐주는 것이 좋다. 이를 긍정적 청중 중심의 아이 콘택트라고 한다. 그리고 나처럼 경쟁 입찰 프레젠테이션을 진행하는 사람들은 심사위원과 아이 콘택트를 해야 하는 것은 물론 심사위원들 중에서도 '의사 결정권자(Key Man)'라고 생각되는 사람에게 더 많은 아이 콘택트를 활용하는 것이 좋다. 그리고 수많은 청중 앞에서 대중 연설을 하는 발표는 한 사람 한 사람 모두에게 아이 콘택트를 하기 힘들기 때문에 오른쪽-가운데-왼쪽 이렇게 단락을 구분하여 아이 콘택트를 해주는 것이 좋다.

4. 동선

동선이야말로 시각적 연출의 하이라이트다. 발표에서 음성적 요소를 제외하고 '밀당'의 영향력이 가장 크기 때문이다. 내가 처음 동선의 영향력을 느낀 것은 배우 김상중을 보고 나서부터였다. 김상중의 트레이드마크가 무엇인지 다들 알고 있을 것이다. 바로 "그런데 말입니다"다. 그가 진행하는 프로그램을 자세히 보면 김상중이 "그런데 말입니다"를 말하기 전 걸음을 이동하면서 1~2초 정도 시간적 여유를 준다는 것을 알 수 있다. 그러면 시청자들은 그 시간적 여유와 동선의 이동 때문에 다음 이야기에 집중하게 된다. 나는 이것을 동선 이동의 효과라고 말하고 싶다. 동선을 이동하는 것은 크게 두 가지로 나누어볼 수 있다.

첫 번째 이동 방법은 좌우로 이동하는 것이다. 좌우로 이동하는 것은 주제를 전환한다는 느낌을 준다. 어떠한 주제를 이야기한 후, 그 주제와 상반되는 이야기를 하기 전 걸음을 좌측에서 우측으로 혹은 우측에서 좌측으로 이동해주는 것이다.

두 번째 이동 방법은 앞뒤 이동이다. 앞뒤 이동은 강조의 효과를 준다. 특히 오프닝과 클로징을 할 때 한 발 또는 두 발 앞으로 나와 발표를 하는 것이 좋다. 또 발표에서 가장 핵심을 이야기할 때도 앞으로 한 발 나오면 강조를 하고 있다는 느낌을 줄 수 있다. 동선을 효과적으로 활용한다면 발표에서 실수를 할 만한 상황도 모면할 수 있다.

발표 중에 다음 내용이 기억나지 않을 때 우리는 허둥지둥하게 된다. 이럴 때 나는 동선 이동을 활용한다. 실제 우리의 뇌는 3초에서 5초의 여유만 주면 우리가 상상하지 못할 정도로 많은 것들을 기억해낼 수 있다. 따라서 다음 내용이 기억나지 않을 때 좌우 혹은 앞뒤로 이동하면서 약간의 시간적 여유를 벌어준다면 청중을 집중시킬 수도, 기억을 더듬어볼 시간도 벌 수 있는 일석이조의 효과를 거두게 된다.

이 모든 것을 시각적 연출 전략이라고 한다. 그런데 가끔 연출을 넣으면 발표할 때 너무 전문적으로 보이지 않느냐는 질문을 받는다.

"저는 아나운서처럼 딱딱한 발표는 하기 싫어요."

"연습을 많이 하면 너무 연출하는 것처럼 보이지 않을까요?"

그때마다 나는 자신 있게 대답한다.

"연습을 하지 않으면 망하는 발표를 하게 됩니다. 그런데 충분한 연습을 하면 누가 봐도 자연스럽게 잘하는 발표를 할 수 있죠. 즉, 자연스러움이란 수많은 연습을 통해 연출되는 거예요."

이 말을 던지면 일순간 모두 고개를 끄덕이며 수긍한다. 딱딱해 보이는 발표가 싫어서 일부러 연습을 하지 않으면 어떻게 될까? 발표 무대에 서자마자 버벅거리고 긴장감에 사로잡혀 청중과 소통도 하지 못할 것이다, 게다가 빨리 발표가 끝나버렸으면 하는 마음으로 발표 내내 부담감을 느끼면서 무슨 말을 전달하고 있는지 깨닫지 못한 상태로 발표를 마치게 될 가능성이 높다. 발표에 자신이 없을수록 시각적 연출이 필요하다. 어느 정도 발표 무대에 익숙해져 시각적 연출이 몸에 익었다면 그 다음부터는 진심이 담긴 호소력 하나로 승부해도 좋다. 시각적 연출이 몸에 익고 호소력이 뒷받침된 발표에는 자연스러운 목소리 강조법이나 강약이 생기기 마련이기 때문이다.

한 대기업의 사내 프레젠테이션 발표 담당 직원들에게 컨설팅을 했던 경험이 있다. 매일 프레젠테이션을 일상으로 해오는 분들이지만 확실히 하루에 한 번씩 하는 분들보다 너덧 번씩 하는 분들의 발표가 더 매끄러웠다. 이것은 연습의 결과다. 발표를 꾸준히 하다 보면 내공이 생긴다. 나는 이 내공을 '시각적 연출을 어떻게 하는지 아는 것'이라고 생각한다. 그리고 이러한 시각적 연출 강의를 하는 이유는 내면에 있는 호소력을 보다 잘 표현할 수 있도록 하기 위해서다. 진정으로 호소를 하고 싶지만, 민망해하거나 감정 표현이 어색한 사람들이 많다. 그래서 연출에도 연습이 필요하다. 시각적 연출에는 정답이 없다. 장소와 상황에 따라 연출 방법도 달라진다. 다만, 기본적인 연출 방법을 알고 있느냐 모르고 있느냐는 큰 차이가 있다. 시각적 연출은 발표자가 청중에게 기본적인 예의를 지키면서 전달력을 높일 수 있는 가장 좋은 방법이기 때문이다.

항상 이 사실을 기억하자. 발표는 혼자 하는 것이 아니다. 상대방과 교감하는 것이다. 따라서 내가 할 수 있는 한 최대치의 전달력을 보여주어야 한다. 그중 가장 쉬우면서 효과적인 방법은 시각적 연출이다. 발표에 중요하지 않은 요소는 그 무엇도 없다.

프레젠테이션의 꽃, 질의응답

질문에 대한 답변을 못하는 전문 프리젠터?

나에게는 유독 마음에 걸리는 경쟁 입찰 프레젠테이션 경험이 있다. 프레젠테이션 초보 시절의 이야기다. 나는 그 당시에 전문 프리젠터라는 직함을 가졌으면서도 발표 뒤에 질문을 받지 않았다. 모든 질문에 대한 답변은 팀장님이 했다. 나 스스로 고객사와 사업에 대해 조율할 만한 권한이 없다고 생각했고, 그래서 팀장님이 하는 게 맞다고 생각했다. 나는 늘 한발 뒤로 물러나서 팀장님이 답변하는 모습을 물끄러미 바라봤다. 하지만 프레젠테이션의 꽃은 질의응답이다. 만약 발표자가 질의응답을 해내지 못한다면 그 발표자는 프레젠테이션의 들러리에 불과하다. 단지 말만 전달하는 프리젠터는 진정한 프리젠터가 아니다.

말 못하는 아나운서도 있다

경쟁 입찰 프레젠테이션에서는 전문 프리젠터로 아나운서를 기피하는 경우가 많다. 사실 경쟁 입찰 프레젠테이션뿐만 아니라 컨설팅이나 강의에서도 아나운서 출신이 생각보다 잘하지 못한다는 평을 듣기도 한다. 그 이유는 뭘까? 나 또한 아나운서 출신 중의 한 명으로서 그런 평판이 좋지만은 않았다. 그런데 그런 평판에는 이유가 있었다.

일반적으로 아나운서를 준비할 때는 아나운서 아카데미에 다닌다. 그곳에서는 아나운서의 기본기로 음성을 좋게 내는 방법을 배운다. 하지만 말 잘하는 방법은 제대로 배우기 어렵다. 따라서 아나운서 출신으로 스피치에 대한 기업 강의나 경쟁 입찰 프레젠테이션을 해야 한다면 끊임없이 공부해야 한다.

아나운서라고 해서 모두 태어날 때부터 말을 잘하는 것이 아니다. 한 아나운서 출신 프리젠터는 경쟁 입찰 프레젠테이션을 할 때 오프닝과 클로징 멘트를 짜는 것이 너무 어렵다고 하소연한다. 항상 작가가 적어주는 대본을 전달력 있게 읽는 것이 습관이 됐기 때문이다.

발표라는 것은 기본적으로 청중을 앞에 두고 하는 것이기에 에너지를 전달해야 한다. 그 에너지를 발산하는 것도 아나운서들이 어려워하는 것 중 하나다. 방송에서는 내 앞에 카메라만 있을 뿐, 청중이 존재하는 경우가 드물기 때문이다.

경쟁 입찰 프레젠테이션 준비 과정 10단계

누군가가 짜놓은 말을 잘 전달하는 것을 넘어 진심으로 소통하고 싶다면 꾸준한 공부가 필요하다. 나 또한 경쟁 입찰 프레젠테이션에 적응하면서 힘들었던 과정이 있었다. 그 과정에서 익힌 나의 경쟁 입찰 프레젠테이션 준비 과정을 공유해보고 싶다.

1. 현장 설명회 자료 체크

입찰 공고가 뜨면 참여 기업들은 고객사가 정한 날짜에 현장 설명회에 참석한다. 현장 설명회에서는 입찰에 대한 세부적인 내용을 설명하고 궁금한 점을 질의응답할 시간을 준다. 이후 기업들은 실익을 따져 최종 입찰 참여 여부를 결정한다.

2. 아이디어 회의

현장 설명회 이후 입찰에 참여하기로 결정했다면 사업 제안서를 준비하기 전에 어떤 내용으로 입찰에 들어갈 것인지 아이디어 회의를 한다. 팀원들이 모여서 콘셉트를 정하고, 그 콘셉트에 어울리는 제안 사항들을 모은다. 아이디어 회의에서는 빈 종이 가운데에 콘셉트를 써놓고 떠오르는 생각을 가지치기하는 마인드맵을 진행하는 것도 좋은 방법이다. 일단 모두의 아이디어를 최대한 많이 모으는 것이 중요하다.

아이디어를 모은 뒤에는 포스트잇을 이용한다. 우선 포스트잇

한 장마다 아이디어를 하나씩 모두 적는다. 그런 뒤 비슷한 성격별로 그룹을 만들어서 가로로 놓는다. 이때 가로로 놓인 각 그룹은 각각의 소주제가 된다. 소주제 아래로는 소주제에 담을 내용을 세로로 순서대로 놓는다. 이렇게 하면 펼쳐놓기만 했던 아이디어들이 정리되고 사업 제안서에 담길 내용이 탄생한다.

3. 사업 제안서 작성

이제 프레젠테이션 발표에 앞서 사업 계획서를 만들 차례다. 앞서 아이디어 회의를 통해 도출된 내용을 슬라이드나 한글 문서 등의 형식으로 작성해야 한다. 문건의 형식은 고객사에서 정한 규정에 맞춰야 한다.

하지만 어느 형식이든 사업 제안서는 발표용 자료가 아니라는 점을 명심하자. 발표용 프레젠테이션 슬라이드보다 정보가 보기 좋게 담긴 제안서 형식의 슬라이드가 좋다. 나의 사업에 대해 구체적으로 전달해서 점수를 받아야 하기 때문이다. 미리 고지된 점수표가 있다면 그 점수표에 맞추어 강조할 점은 더 강조하자. 사업 제안서를 쓸 때는 스토리텔링 순서보다 점수표 순서에 맞게 배치해 심사위원들이 보기 쉽게 만드는 것이 좋다. (제출한 사업 제안서로 발표해야 하는 경우도 있다. 이럴 때는 사업 제안서처럼 정보를 많이 담으면서 시각적인 이미지도 살릴 수 있는 슬라이드로 제출해야 한다.)

4. 슬라이드 초안 기획

사업 제안서를 제출한 후에는 발표용 슬라이드를 준비해야 한다. 시간이 허락한다면 사업 제안서를 만들 때 발표용 슬라이드를 함께 만드는 것이 더욱 효율적이다. 그리고 발표자(프리젠터)는 처음부터 끝까지 발표용 슬라이드 작업에 함께하는 것이 좋다. 발표하는 사람이 이해할 수 있는 슬라이드가 구현되어야 하기 때문이다. 실제로 발표할 때 컴퓨터 화면을 발표자가 아닌 다른 사람이 넘겨주는 것도 이런 사전 작업을 함께하지 않았기 때문에 발생한다. 내가 발표할 슬라이드만큼은 모두 꿰뚫고 있어야 실전 때 당황하지 않고 질의응답까지 매끄럽게 진행할 수 있다. 만약 슬라이드를 잘 만들 자신이 없어서 디자인 대행사에 맡겨야 한다면 적어도 각 슬라이드 페이지의 레이아웃은 짜놓은 상태로 전달하자. 발표를 잘하고 못하고는 이런 사소한 부분에서 갈린다.

5. 2차 기획 회의

완성된 발표용 초안 슬라이드를 출력해서 회의를 진행해야 하는 시간이다. 초안 슬라이드를 A4 용지 한 장당 한 슬라이드씩 출력하자. 그리고 큰 책상 위에 순서대로 배열해서 논리가 자연스러운지 확인하자. 이때 중복되거나 필요 이상으로 강조된 내용이 있으면 빼고, 전달해야 할 내용이 부족하면 더해야 한다.

6. 슬라이드 완성

중복과 누락을 확인했다면 콘셉트에 어울리는 전체적인 스토리텔링을 적용해서 마치 한 편의 영화를 보여준다는 생각으로 슬라이드를 완성시키자. 이때 중요한 것은 전체적인 슬라이드에 어울리는 오프닝과 클로징이다. 오프닝은 주제와 어울리는 사례를 통해 청중의 궁금증을 유발하고, 클로징은 강조하고 싶은 말을 부각하면서 우리 업체가 선정되어야 하는 필연성으로 끝내는 것이 좋다. 그리고 오프닝과 클로징도 새롭게 슬라이드를 만드는 것을 추천한다. (만약 이미 제출한 사업 제안서로 발표해야 하는 상황이라면 미리 오프닝과 클로징을 제안서상에 포함해서 제출하자. 오프닝과 클로징이 없는 발표는 앙금 없는 찐빵과 같다.)

7. 시나리오 작성

여기서 말하는 시나리오는 함께 일하는 팀원을 위한 시나리오다. 발표자 혼자 준비한 발표가 아니기에 직접 시나리오를 작성해서 함께 경쟁 입찰 프레젠테이션을 준비한 팀원들과 공유한 다음 오류가 없는지 확인해야 한다. 더불어 상사에게 서면으로 보고해야 한다면 완성된 슬라이드와 함께 시나리오를 확인받는 것도 필수다.

팀원용 시나리오는 방송용 대본처럼 짜인 대로 말하기 위해 작성한 것이 아니라 내가 가진 논리를 어떤 방식으로 풀 것인가를 확인하는 용도로 쓰인다. 물론 시나리오는 발표자가 준비해야 한다. 사람마다 어울리는 멘트가 따로 있기 때문이다. 나와 가장 잘 맞는 멘트는 나만이 알 수 있다.

발표자가 직접 작성하지 않은 시나리오는 발표할 때 외운 것 같은 느낌을 자아낸다. 게다가 딱딱한 문어체에 어미 처리까지 어색한 발표가 될 확률이 높다. 발표자가 준비하지 않고, 누군가 써준 시나리오를 읽기만 한다면 발표자는 경쟁 입찰 프레젠테이션에 참여할 필요가 없다. 진정성 있는 발표로 심사위원에게 울림을 줄 수 없기 때문이다.

8. 발표 연습

발표자에게 가장 중요한 단계가 연습이다. 연습은 절대 배신하지 않는다. 다섯 번 연습하는 것보다 열 번 연습하는 것이 실전 발표 때 도움이 된다. 백 번 연습하면 떨지 않고 중요 메시지를 모두 전달하는 발표를 할 가능성이 커진다. 연습할 때는 정해진 경쟁 입찰 프레젠테이션 시간에 맞춰 초시계를 설정해두고 입장부터 오프닝, 클로징까지 모두 끝낸 시간을 확인하자. 정해진 발표 시간이 15분이라면 14분 20~30초 안으로 발표를 끝내는 것이 좋다. 자칫 잘못하다가는 클로징까지 끝내지 못하고 프레젠테이션 중간에 발표가 중단되는 경우가 발생할 수 있기 때문이다.

9. 예상 질의응답 작성

발표 연습을 진행할 때 다른 팀원들은 예상 질문을 미리 준비하는 것이 효율적이다. 경쟁 입찰 프레젠테이션에서 나올 만한 질문을 모두 추려내서 예시와 사례, 비유와 비교 기법을 적절히 활용하여 답변을 준비하자. 그리고 답변과 관련된 슬라이드는 별첨 자료로 발표 자료 뒤에 삽입해 가는 것이 좋다. 발표자는 연습을 하면서 팀원들이 준비해준 질의응답 사항도 함께 숙지하자.

10. 현장 리허설

이제 경쟁 입찰 프레젠테이션의 마지막 단계다. 모든 발표 슬라이드와 연습이 끝났다면 모든 팀원을 초대해놓고 소규모 현장 리허설을 해본다. 만약 실전 발표 현장을 미리 확인했다면 그 발표 현장과 비슷하게 구성한 공간에서 리허설을 하는 것이 효과적이다. 화면의 오른쪽에 설 것인지 왼쪽에 설 것인지를 미리 정할 수 있다면 제스처를 취하는 손의 위치도 그에 맞게 함께 연습하고, 동선까지 점검해보고 갈 수 있기 때문이다. 그리고 마지막 연습에는 팀원들이 심사위원이라고 생각하고 질의응답 시간까지 가져보자. 준비한 질의응답인데도 부족한 점이 가감 없이 드러난다. 그 부족한 점을 마지막의 마지막까지 준비해 가자.

경쟁 입찰 프레젠테이션에서 가장 중요한 것은 '나의 말'로 전달하는 것이다. 나 또한 초보 프리젠터 시절에는 분명 내가 말하고 있지만 남의 말을 하는 것 같은 느낌을 벗을 수 없었다. 그래서 심사위원에게 울림을 주지 못했고 진정성도 부족했다. 수주율도 낮을 수밖에 없었다. 지금의 나는 경쟁 입찰 프레젠테이션을 하기에 앞서 '내가 우리 회사의 대표라면?'이라는 마인드로 임한다. 수주를 해도 그만, 하지 않아도 그만인 마음이 아니라 '무조건 수주해야만 해'라는 의지로 임하면 준비하는 모든 과정에 열정적으로 참여하게 된다.

앞서 열 가지의 준비 과정이 필요하다고 말한 바 있다. 이 과정이 필요한 이유도 '나의 말'을 하기 위해 모든 과정에 참여하는데 의의가 있다. 대본을 전달하는 모습에 치중하지 말자. 대본에 적힌 말이 아무리 번지르르하게 좋아도 프리젠터가 그 제안이 좋다는 표현을 제대로 하지 못하면 경쟁 입찰 프레젠테이션은 하나마나다. 우리가 많은 준비를 통해 경쟁 입찰 프레젠테이션에 임하고 있으며, 누구보다 열심히 고민했던 결과 가장 좋은 제안을 들고 나왔기에 우리야말로 제일 잘할 수 있다는 설득을 해야 한다. 내가 하는 말의 주인공은 나라는 사실을 항상 명심한다면 임하는 경쟁 입찰 프레젠테이션마다 좋은 결과가 있을 것이다.

프리젠터의 일기 #7

11월 20일
전략적인 연출은 발표에
도움을 준다

나 자신도 지금까지 나에게 끊임없이 질문하는 것이 있다.

'진심을 호소력 있게 전달해야 할까?, 진심에도 연출을 입혀야 할까?'

정답은 없다. 다만 가끔은 호소력이라는 것이 연출을 입혔을 때 더 진해지는 것 같은 느낌이 들 때는 확실하게 있다. 그래서 많은 기업들이 나에게 발표 연출에 대한 강의 의뢰를 하는 것이라는 생각이 든다. 그래서 나는 오늘도 보이스와 이미지 강의를 위해 길을 나섰다.

현장에 도착해 강의를 시작하면서 먼저 연출이 중요한 이유를 너무나 유명한 메라비언의 법칙을 통해 전달했다. 이 법칙에 따르면 발표 연출 전략에서 보이스와 이미지는 결코 빠져서는 안 되는 핵심 요소가 된다.

말의 내용은 미리 준비할 수 있다. 하지만 이미지는 연출을 해야 하고, 음성은 오랜 기간 공을 들여 변화를 주어야 한다. 그 변화의 첫 포문을 열기 위해 오늘 같은 강의가 존재한다. 이론보다 연출에 신경 쓰는 날을 잊지 말자. 발표에는 무엇 하나도 중요하지 않은 것이 없다.

오늘의 교훈

발표에 중요하지 않은 것은 없다

발표에 임할 때 가장 신경 써야 하는 것은 진심을 다하는 것이다. 그렇다고 해서 쉽게 여겨도 되는 부분이 있다는 것은 아니다. 진심을 다할 준비가 되었으면 그 진심을 잘 드러나게 해줄 연출을 준비하자. 할 수 있는 모든 것을 갖추었을 때 발표는 완벽해진다.

스펙 쌓기보다 어려운 자기소개

이야기를 풀어내라

면접장에 두 명의 지원자가 있다. 김군과 이군. 김군은 소위 말하는 토익 고득점에 각종 대외 활동과 봉사활동을 마치고 온 고스펙 지원자였고, 그 옆의 이군은 평범한 스펙의 지원자로 약간 초조해 보이는 인상을 풍겼다. 그 둘은 각각 자기소개를 이렇게 했다.

〈김군〉

저는 토익 990점입니다. 대외 활동을 비롯해 공모전 수상도 했습니다. 하지만 공부와 스펙만 쌓는 것에 그치지 않고 봉사활동을 하며 내실을 다졌기 때문에 언제나 귀사에서 최고의 모습을 보여드릴 자신이 있습니다.

〈이군〉

작년 겨울 아르바이트로 일했던 한 방송국에서 그 당시 가장 인기 있었던 ○○○아이돌 그룹의 섭외를 맡았습니다. 쉽게 섭외가 될 줄 알았지만 세 번 연속 연거푸 거절 의사를 밝힌 소속사를 설득하기란 쉽지 않았습니다. 하지만 저는 포기하지 않고 매일 안부 전화와 메일을 보내드렸고, 23일 만에 마침내 오케이 사인을 받아냈습니다. 여기에 계신 모든 지원자분들은 매우 훌륭하다고 생각합니다. 하지만 끈기만큼은 제가 이 자리에서 최고라고 자부합니다.

결과는 어땠을까? 결과는 이군이 스펙 좋은 김군을 제치고 입사에 성공했다. 이군의 자기소개는 무엇이 달랐을까?

김군과 이군에게는 둘 다 자신만의 스토리가 있었다. 하지만 이군이 김군보다 이야기를 풀어내는 능력이 뛰어났다. 자신의 활동 내역과 결과를 단순히 보고하는 식으로 자기소개를 마친 김군에 비해 이군은 자신이 일한 방식, 진행한 과정을 기승전결로 자세히 풀어냈기에 합격의 행운은 이군이 거머쥐게 되었다.

자랑은 자랑일 뿐 자기소개가 아니다

전문 프리젠터는 소속된 기업의 제품에 스토리를 입혀서 멋지고 있어 보이게 풀어내는 일을 한다. 제품의 스펙은 어느 기업이나 비슷할 수밖에 없다. 이것이 좋으면 저것이 아쉽고, 저것이 좋으면 이것이 아쉽다. 그렇기 때문에 기업은 프레젠테이션 때 프리젠터를 통해서 제품에 스토리를 입히고자 노력한다. "스펙보다 스토리다"라는 말을 실천하는 직업이 바로 프리젠터라고 할 수 있다. 하지만 이렇게 이야기하는 나마저도 취업 준비생일 때에는 1분으로 주어진 자기소개 시간에 스토리를 어떻게 활용해야 하는지 전혀 알지 못했다.

"저는 세계 60여 개국을 돌아보고 왔습니다. 캐나다에서는 BBC 방송국 인터뷰를 했고, 영국에서는 다국적 배낭여행을 통해 다양한 문화권 사람들과 어울렸으며, 아프리카에서는 유네스코 세계문화유산 홍보 단원으로 선출되어 대한민국 대표로 다녀오기도 했습니다. 이렇게 저는……."

이것이 나의 첫 자기소개였다. 자랑으로 시작해서 자랑으로 끝난다. 사실 이때는 '나 이것도 해봤다. 나 말고 다른 사람은 안 해봤을걸?'이라고 자랑하고 싶은 마음이 컸다. 여기도 가봤고 저기도 가봤으며 이런 것까지 해봤다라고 말하는 것은 나만을 내세우기 위한 처참한 자기소개였다. 그런데 나뿐만 아니라 지금도 많은 취업 준비생들이 1분 자기소개 시간에 자기 자랑을 늘어놓기

바쁘다. 자랑은 내 소개가 아니다. 자랑은 자랑일 뿐이다. 실제로 저렇게 자기소개를 했던 면접에서 면접관들은 내게 “최현정 씨는 돈이 많았나 봐요?”라며 부정적인 질문을 던지기도 했다.

다시 한 번 강조하지만, 자기 자랑을 여러 가지 죽 늘어놓지 말자. 지원하는 직무와 어울리는 자신의 특별한 경험담을 한 가지 선택해서 그 이야기에 중점을 두어 풀어내고 마지막에 이런 경험 덕분에 배운 점들이 직무와 잘 연관될 것이라고 어필해주면 된다. 그래서 나도 자기소개를 아래와 같이 전면 수정했다.

“혹시 영양실조에 걸려본 경험이 있으신가요? (미소를 지으며 답변을 대기한다.) 네, 없으시죠? 그런데 저는 영양실조에 걸려봤습니다. 20대의 어린 나이에 무슨 영양실조냐고 하실 것 같은데요. 사실 저는 2010년에 유네스코 세계문화유산 대한민국 대표 단원으로 선출되어 아프리카 토고에 두 달 동안 봉사를 떠난 적이 있습니다. 그 당시 먹을거리가 없어서 옥수수 가루 한 줌을 물에 개어 불려 먹는 생활을 두 달 동안 하다 보니까 배가 불룩하게 나오는 영양실조 증세가 나타나더라고요. 게다가 물이 없어 샤워를 하지 못한 상태에서 온몸에는 피부염까지 번진 상황이었습니다. 하지만 저는…….”

이전의 자기소개와 수정한 자기소개의 차이점은 확연하다. 다른 경험을 모두 버리고 아프리카 지역에서 봉사를 했던 경험 하나를 토대로 스토리텔링 형식을 구축했다. 그리고 어려움 속에서도 배운 점이 있음을 피력했고, 이러한 경험이 지원하는 직무를 수행하는 데 반드시 도움이 될 것이라고 어필했다. 이렇게 수정된 1분 자기소개를 면접에서 보일 때마다 면접관들은 눈을 반짝이며 관심을 보였다. 수많은 면접 상황을 통해 내가 익힌 1분 자기소개 팁을 공유한다.

1분 자기소개를 잘하기 위한 팁

1. 나만의 사례를 찾아라

"여러분들이 가장 잘하는 것을 한번 떠올려보세요."

강의를 하면서 이렇게 요청하면 다들 한결같이 "배려요!", "따뜻한 마음요!", "공감하는 거요"라는 대답을 한다. 그러면 나는 다시 한 번 묻는다. 가슴에 손을 얹고 정말 제일 잘하는 것이 무엇이냐고. 그때 나오는 답변은 참 귀엽다. "잠을 잘 자요", "저는 잘 먹어요"…….

이때 나오는 이야기들은 매우 솔직하다. 나는 공감이나 소통을 잘한다는 것보다는 차라리 잘 자고 잘 먹는다는 이야기가 더 와 닿는다. 나만의 사례를 찾기 위해서는 이렇게 솔직한 나의 모습을 먼저 찾는 것이 좋다. 그리고 이왕이면 다른 사람도 잘하는 것보다는 나만 해봤을 것 같은 이색적인 경험을 추천한다. 일례로 내가 들었던 자기소개 중에 가장 기억에 남았던 소개는 북한을 다녀왔다는 친구의 이야기였다. 대한민국 사람 중에 북한을 다녀온 사람이 몇이나 될까? 북한의 분위기는 실제 어떤지, 북한에서 무슨 활동을 했는지 등 자연스럽게 궁금한 마음이 든다. 이렇게 독특한 나만의 사례가 있다면 더할 나위 없이 좋은 1분 자기소개 스토리텔링을 만들어낼 수 있다.

하지만 독특한 경험이 없다면 어떻게 할까? 이색적인 경험이 없더라도 일상에서 이색적인 경험을 충분히 찾아낼 수 있다.

어느 대학교에서 취업 컨설팅을 진행할 때였다. 한 학생이 손을 들고 쭈뼛거리며 질문을 했다.

"선생님. 저는 아르바이트를 했던 경험밖에 없어요."

나는 다시 그 학생에게 물었다.

"아르바이트를 하면서 가장 기억에 남았던 순간이 언제였어요?"

그러자 그 학생은 스스로 스토리텔링을 풀어내기 시작했다.

"제가 문구점에서 아르바이트를 할 때 아홉 살 정도 되어보이는 어린 꼬마가 조립식 로봇을 하나 사 갔어요. 그런데 집으로 곧장 가지 않고 문구점 입구에 계속 제 눈치를 보면서 앉아 있는 거예요. 그래서 제가 왜 그러냐고 물었더니, 집에 가면 엄마 아빠도 없고 조립해줄 사람도 없다고 이야기하더라고요. 그래서 저는 꼬마를 불러서 로봇도 같이 조립해주고 30분 정도 같이 놀아줬던 경험이 있어요."

이 학생은 충분히 좋은 경험을 가지고 있었다. 나는 이 경험담을 들으면서 그 학생의 따뜻한 마음을 느낄 수 있었다. 아르바이트 경험밖에 없었지만, 따뜻하고 배려 있는 마음씨를 충분히 엿볼 수 있는 일화였기 때문이다.

스토리텔링이 어렵다는 말은 스토리가 어렵다는 게 아니고 '텔링'이 어렵다는 의미다. 사람들은 저마다 고유한 스토리를 지니고 있다. 다만, 이를 찾아내고 표현하는 방법이 서툰 것뿐이다. 스토리가 없는 사람은 없다. 메모장을 펴고 내가 했던 경험을 30여 가지 적어보는 것부터 시작하자. 무궁무진한 이야깃거리가 생겨날 것이다.

2. 단 한 가지 경험만!

자랑하고 싶은 것들이 많아도 1분 자기소개 하나에 모두 담아내면 안 된다. '1분'이라는 시간은 듣는 사람 입장에서 단 한 가지 경험만 들어도 벅찰 수 있는 짧은 순간이다. 따라서 여러 가지 경험을 나열해도 듣는 사람은 다 받아들이지 못한다. 여러 가지를 드러내려다가 단 하나도 부각시키지 못하는 실수를 범하게 되는 것이다. '1분'에 하나! 직무와 가장 어울리는 한 가지 경험만 어필하는 것이 좋다.

3. 내가 원하는 질문을 이끌어내는 요소를 넣자

단 한 가지 경험만 이야기하게 되면 자랑하고 싶은 것이 너무 많은데 이것을 다 이야기하지 못하고 면접을 끝내게 될까 봐 걱정이 될 것이다. 하지만 그럴 때는 다른 방법이 있다. 1분 자기소개에 궁금증을 유발할 만한 문장을 넣는 것이다. 예를 들면, 나의 자기소개에는 이런 문장이 있다.

"아무것도 없는 아프리카 생활에 피부염까지 번진 상황이었습니다. 하지만 저는 이 생활이 신기하고 행복하기만 했습니다. 낮에는 문화유산 홍보 활동을, 밤에는 집집마다 문을 두드리며 토속민 춤을 배우고 다니기도 했죠. 이런 제 소문이 토고 대통령의 귀에까지 들어가 대통령은 마을을 방문해 저를 위해 격려의 말씀을 건네주시기도 했습니다. 사실 저는 이런 식으로 세계 60개국을 돌아보고 왔습니다. 그렇기 때문에 제 또래의 청년들보다 겁이 없습니다. 뒤로 물러선 적도 없습니다.(중략)"

이 자기소개에서 내가 의도적으로 궁금증을 유발한 문장은 '이런 식으로 세계 60개국을 돌아보고 왔다는 것'이다. 그러면 면접관들은 꼭 "또 다른 나라에서는 어떤 경험을 했나요?"라고 질문을 던진다. 한꺼번에 다 보여주기보다 질문을 유도하는 방법을 활용하는 것이 확실히 효과적이다. 내가 원하는 질문이 나오면 그만큼 면접에서 좋은 기회를 잡을 수 있음을 명심하자.

4. 질문과 관련해서 강점을 어필하자

스토리텔링을 통해 경험을 풀어냈다면 지원하는 직무에 대한 강점이 있다는 것도 어필해야 한다. 내가 했던 이 경험이 향후 지원 직무에 어떻게 도움이 될 것인지 구체적으로 표현하는 것이 좋다. 영업직에 지원한다면 활동적, 사교적, 긍정적인 모습을, 금융직에 지원한다면 꼼꼼함과 신중함, 커뮤니케이션 능력을, 승무원에 지원한다면 서비스 정신, 봉사 정신 등과 연관된 경험을 통해 해당 직무에서 나의 역량이 분명 도움이 될 것이라고 포부와 비전을 밝혀주자.

스토리가 분명히 중요하기는 하지만, 1분짜리 자기소개에서 구구절절한 세부 묘사까지 할 필요는 없다. 1분이라는 시간을 너무 많이 벗어나면 담당자들 귀에 매우 지루하게 들릴 수 있기 때문이다. 적당한 기승전결로 이어지는 내용이 가장 좋고, 면접관의 머릿속에 이미지가 그려지도록 묘사하는 것이 좋다. 그리고 1분 자기소개가 아닌 일반적인 상황에서 자기소개를 할 때도 이러한 팁과 함께 스토리텔링을 활용하면 나 자신을 상대방에게 훨씬 잘 표현할 수 있다.

프리젠터의 일기 #8

11월 4일
취업 전략 팁

얼마 전, 내 강의를 들은 수강생으로부터 인터뷰 요청이 들어왔다. 누구보다 힘든 시기를 보내고 있는 대한민국 20대 청춘들을 위해 내가 알고 있는 취업 요령을 풀어달라는 요청이었다. 좀 더 많은 청춘들에게 도움이 되고자 아래 인터뷰 내용을 공유한다.

Q. 인터뷰 전 본인 소개를 간략하게 부탁드립니다.
A. 안녕하세요. 6년차 전문 프리젠터 최현정입니다. 프리젠터란 단어가 아직은 많은 분들에게 생소하게 들릴 수 있다고 생각해요. 프리젠터는 기업에 소속되어 경쟁 입찰 공고가 뜨면 회사를 대표해서 회사와 회사의 제품을 소개하는 일을 하는 사람입니다. 다른 경쟁 기업들과 겨루면서 정해진 시간에 누가 더 조리 있게 회사에 대해 어필하느냐에 따라 10억~1천억까지 수주를 성공시킬 수 있다는 것이 직업에서 느낄 수 있는 가장 큰 매력이지요. 예전에는 아나운서로 활동했습니다. 그러다가 한 기업에서 3년 가까이 일했고, 지금은 또 다른 기업에서 프리젠터 일을 하고 있습니다. 그 외에 대학 겸임교수 및 커뮤니케이션 칼럼니스트, 스타트업 피칭 컨설턴트, 스피치 강사, 행사 MC 등 다양한 직업을 가지고 있습니다. 주로 '말하는' 직업이지요.

Q. 취업하기 위해서 스피킹이나 면접 관련 학원을 꼭 다녀야 할까요? 다니게 된다면 좋은 점은 무엇인가요?
A. 학원을 굳이 다녀야 된다고 생각하지는 않습니다. 혼자 혹은 스터디로도

충분히 준비할 수 있다고 생각합니다. 학원을 찾는 분들은 대부분 취업을 어떻게 준비해야 하는지 방향을 잡지 못해서일 겁니다. 만약 준비할 시간이 충분하지 않다면 학원에 다니는 것도 하나의 방법이 될 수 있습니다. 취업을 준비하는 분들은 대개 특정한 기업을 목표로 하는 게 아니라 대다수의 불특정 기업을 대상으로 합니다. 취업난이 심하다 보니 생긴 현상이지요. 그런데 목표로 잡는 기업이 특정되지 않다 보니 해당 기업에 맞춤한 스피킹이나 면접을 준비할 수가 없습니다. 그래서 취업 준비를 더욱 어려워하게 되고, 학원을 찾아 도움을 받게 되는 것이지요. 학원에서는 지원 가능한 기업을 어느 정도 분류해놓고 각 기업에 맞추어 전형을 파악한 뒤 어떻게 준비하면 되는지 알려주기 때문에 면접 준비 시간을 줄일 수 있는 장점이 있습니다.

그리고 또 한 가지 중요한 점이 있어요. 정말 준비를 많이 했다고 하더라도 '전달력' 부분에서 준비를 한 만큼 표현을 잘 못하는 분들이 많습니다. 발음이 안 좋다거나, 말이 빠르다거나, 말을 더듬는다는 것을 스스로 인지하지 못해서 알고 있는 지식이 면접관에게 전달이 안 되는 경우죠. 이런 부분은 혼자 연습하는 것보다는 다른 사람이나 학원을 통해 한 번쯤 점검받아 보시기를 추천합니다.

Q. 기업의 채용 박람회나 취업 설명회가 취업 준비에 도움이 될까요?

A. 당연합니다. 많은 기업들이 채용 박람회, 취업 설명회를 개최하고 있습니다. 가고 싶은 기업에 대해 가장 많은 정보를 접할 수 있는 곳이 바로 기업이 주최하는 채용 박람회와 취업 설명회라고 할 수 있지요. 궁금한 점을 담당자

에게 바로 물어볼 수도 있고, 기업 문화나 분위기를 미리 파악할 수도 있습니다. 취업난이 심각한 현실에서도 1년 내에 직장을 그만두는 신입 사원 비율이 해마다 높아지는 것도 다 사전에 자신이 일할 기업의 문화를 제대로 살펴보지 않았기 때문이라고 생각합니다. 박람회나 설명회가 열린다면 꼭 참석하셔서 관련 정보를 많이 파악하고, 면접 전에 다양한 담당자와 얼굴을 익혀놓는 훨씬 유리하고 좋습니다.

Q. PT 면접, 임원 면접, 창의성 면접 등 면접에도 여러 단계가 있는데 각 면접별로 준비 스타일이 있나요? 모두 다르게 준비해야 하나요?

A. 면접 전형이 다양한 만큼 각 전형에 맞게 준비를 하는 것이 좋습니다. '실무 면접은 소개팅을 하듯이, 임원 면접은 시부모님 대하듯이'라는 말이 갑자기 생각나네요. 실제로 실무 면접은 젊은 관리직이 면접관으로 오는 경우가 많고, 임원 면접은 나이대가 있는 임원이 많이 오는 편이에요. 따라서 실무 면접은 실무에 관한 지식을 얼마나 익혔는지 보는 자리이므로 이러한 지식을 예의 바르면서도 당당하게 어필하도록 준비하는 것이 좋고요. 임원 면접은 사근사근한 미소와 함께 가장 사랑하는 사람의 부모님을 대하는 느낌(즉, 가장 사랑하는 기업을 키워주신 분)으로 임하는 것이 좋습니다. 그 외 PT 면접은 면접 구성을 이야기 흐름대로 이어나가면서 지루하지 않게 전달하는 것이 중요합니다. 창의성 면접은 은행권에서 '롤플레잉'으로도 많이 보고 있는데, 이때는 생각에 갇히지 않고 넓게 바라보면서 풀어가는 것이 좋아요. 창의성 면접은 '마인드맵(Mind-map)' 방법도 추천하고 싶습니다.

Q. 면접 전 긴장을 하게 되면 어떻게 해야 할까요?

A. 긴장하는 것은 당연한 현상이에요. 완화시킬 수 있는 가장 좋은 방법은 비슷한 상황을 많이 겪어보는 것입니다. 저도 카메라 앞에 수없이 많이 서 봤지만 경쟁 입찰 프레젠테이션을 처음 하는 자리에서는 누구보다도 긴장되더라고요. 하지만 그 자리가 두 번 세 번 반복되면서 더 이상 긴장하지 않게 되었어요. 면접도 마찬가지입니다. 많이 해보시면 당연히 긴장이 덜 될 거예요. 그래서 많은 분들이 스터디를 진행하지만 사실 스터디는 면접과 비슷한 상황이라고 보기는 어렵죠. 그래서 저는 차라리 면접 들어가기 전 심호흡을 크게 세 번 이상 하고 입장하라고 말해요. 심호흡을 하면 긴장을 해서 숨이 가빠오는 느낌이 가라앉게 되거든요. 그리고 말이 빨라지는 것도 어느 정도 방지할 수 있기 때문에 면접 중에 다른 지원자들의 답변을 경청하면서 작게 심호흡을 꾸준히 하는 것도 하나의 방법이 될 수 있습니다.

Q. 취업 준비 시 자기 경쟁력을 키우는 특별한 방법이나 따른 추천하는 방법이 있으신가요?

A. 자기 경쟁력을 키우는 방법은 자신이 좋아하는 일, 좋아하는 기업을 찾는 것부터가 시작이라고 말씀드리고 싶어요. 자신 없고 하기 싫은 일에 지원을 하는데 당연히 자신의 경쟁력이 키워질 수는 없습니다. 따라서 평소에 자기가 무엇을 좋아하는지 그리고 좋아하는 것 중에 잘하는 것이 무엇인지를 스스로 잘 돌이켜본 다음, 그 관련 기업과 직무에 지원하는 것이 자기 경쟁력을 키우는 가장 좋은 방법이라고 할 수 있습니다.

Q. 스토리텔링이 중요하다고들 이야기하는데, 스토리텔링이란 정확히 무엇이고 어떻게 하는 것인가요?

A. 스토리텔링은 말 그대로 '이야기를 말하는 것'입니다. 이성적인 부분보다 감성적인 부분이 돋보이는 말하기라고 할 수도 있지요. 또 이야기를 하는 방법에 대한 연출이라고도 볼 수 있습니다. 문어체가 아닌 구어체로 이야기하는 것, 사실적인 요소보다는 그 당시 있었던 경험을 이야기하는 것 등으로도 풀어낼 수 있겠네요. 구성 방법은 쉽게 말하면 뒷이야기가 궁금하도록 전달하는 것이에요. 저는 이때 설민석 강사의 강의법을 예로 많이 들어요. 설민석 강사는 역사를 객관적인 사실로 나열해서 전달하기보다는 구체적인 일화나 인물을 중심으로 풀어나가더군요. 그러다 보니 학생들이 자연스럽게 집중해서 듣게 되고 더욱 쉽게 이해합니다. 발표자가 주체가 되는 것이 아닌, 듣는 사람이 듣는 것만으로 이해될 수 있도록 기승전결의 이야기 전달 방식을 가지는 것이 스토리텔링이라고 생각합니다.

Q. 그러면 면접에서는 스토리텔링을 어떻게 적용해야 하나요?

A. 자신이 겪은 경험담이나 주변에서 본 구체적인 사례 등을 키워드와 연관해서 이야기하면 됩니다. 사실적 요소만 나열하는 것은 상대방에게 와 닿지 않거나 신뢰감이 들지 않습니다. 따라서 구체적인 사례 제시나 숫자를 활용하는 등 답변 키워드에 관한 경험을 짧게 이야기하는 것이 면접에서 적용할 수 있는 스토리텔링이라고 생각해요.

Q. 자기소개서 작성 시 면접관의 시선을 사로잡을 수 있는 차별화 방법이 있나요?

A. 자기소개서에도 스토리텔링 요소가 빠질 수 없습니다. "저는 2남 1녀 중 장남으로 부산에서 태어났습니다. 어려서부터……" 하는 식으로 진부하게 들리는 자기소개가 아니라 "부산의 1등 마라토너, 43분의 기록을 세우다"라거나 "부산의 아들딸, 바다를 보며 꿈을 키우다"처럼 흥미를 유발할 수 있는 문장으로 시작하는 것이 중요합니다. 소제목으로 활용해도 되고요. 이렇게 시선을 사로잡은 다음, 해당 직무와 관련된 경험을 쓰고 자신이 지원하는 직무와 어울리는 장점이 있음을 어필하는 것이 가장 좋습니다. 취미와 특기도 일반적인 운동이나 라디오 듣기, 영화 및 클래식 감상 같은 것이 아닌 '여행담 들려주기', '좋은 인용구 메모하기' 등 구체적으로 직무와 어울리는 것으로 찾아 적어주는 것이 좋아요. 지원하는 모든 직무에 적용할 수 있는 천편일률적인 자기소개서가 아니라 직무별로 자신의 장점을 경험과 잘 연결시켜 적는 것이 좋습니다.

Q. 자기소개에서 '단점'을 말하는 게 어렵다는 대학생들이 많습니다. 자신에게 불리한 요소만 부각될 수 있기에 어떻게 말해야 하는지 어렵다는 것이 그 이유지요. 자신의 단점을 드러내고 서술할 때 특별한 방법이 있나요?

A. 보통은 '단점의 장점화'를 적는 것이 좋다고 말합니다. 단점이지만, 장점으로도 승화시킬 수 있는 것들을 표현하라는 이야기지요. 하지만 이제는 이런 부분에서도 면접관의 공격이 들어올 수 있는 가능성이 많아요. 따라서 단점이지만 꾸준히 고치려고 노력을 해왔고, 현재는 그런 노력을 통해 도리어

장점을 가지게 되었다라고 기술해주는 것도 하나의 방법입니다.

Q. 면접을 준비하며 학원을 다닌다고 해도 면접 당일 예측할 수 없는 질문이 많이 나오는데 이는 어떻게 대처하는 것이 좋을까요? 예측할 수 없는 상황에 현명하게 대처하는 좋은 방법이 있을까요?

A. 예측할 수 없는 질문은 항상 도사리고 있어요. 그럴 때는 모르면 모른다고 말하고, 더 알아보고 노력하겠다고 솔직한 모습을 보이는 것이 가장 좋습니다. 그리고 공격성 질문이 나왔을 때는 최대한 답변을 짧게 하면서 그 질문에 대한 공격을 피해가는 것이 좋아요. 답변을 길게 할수록 말실수를 할 가능성이 크고, 꼬리에 꼬리를 무는 질문을 받을 수도 있거든요. 모르는 것을 아는 척하는 실수는 안 하는 것이 좋습니다.

Q. 면접에서 좋은 인상을 심어줄 수 있는 방법이 있나요? 좋은 첫인상을 심어줄 수 있는 방법이 있다면 알려주십시오. 의상, 분위기, 언어 구사 능력, 톤, 제스처 등과 관련해서요.

A. 이 부분은 굉장히 방대한 질문이네요. 개인별로 인상에 대해 장점화를 시킬 수 있는 부분이 조금씩 다르기 때문에 "이렇게만 하세요"라고 말씀드리기 어려워요. 하지만 그래도 공통된 부분을 언급해볼게요. 입장할 때부터 서글서글한 미소와 함께 두 손으로 문을 열고 역시나 두 손으로 문을 살짝 닫는 모습, 고개만 까딱 숙이는 것이 아닌 상체(어깨)를 숙이면서 인사하는 방법 등 인상에 관한 점은 아주 많습니다. 의상은 기업별로 선호하는 느낌이 다르지만 보통은 정장으로 입고 가는 것이 좋아요. 여성분들은 공기업을 제외하고

는 검은색보다는 조금 밝고 자신에게 잘 어울리는 컬러를 선택하는 것도 하나의 방법이고요. 말은 너무 빠르지 않게, 제스처는 너무 산만하지 않고 자연스럽게 사용하는 것이 좋습니다.

Q. 집에서 혹은 혼자서 면접을 준비할 때 연습하는 방법을 추천해주세요. 거울을 보고 연습하기, 녹음하기, 동영상 촬영하기, 가족 앞에서 연습하기, 장소 등도 추천을 부탁드립니다.

A. 제가 가장 많이 추천하는 방법은 동영상으로 녹화해서 확인하는 방법이에요. 영상은 매우 객관적으로 본인을 찍어줍니다. 표정과 발음, 말의 속도, 인지하지 못하고 있던 안 좋은 습관까지 말이죠. 따라서 예시 질문과 답변을 준비한 다음에 자문자답으로 영상을 녹화해보고 꼭 '처음부터 끝까지' 영상을 확인해볼 것을 추천해요. 영상을 찍는 것보다 자신의 모습을 영상을 통해 확인하는 것이 더 힘든 일이거든요. 하지만 객관적으로 자신의 모습이 어떤지 파악할 수 있다면 그때부터 고치는 것은 시간문제입니다. 개선점을 하나하나 파악하고 메모한 다음에 하나씩 고쳐나가는 것이지요. 예를 들어 이번에는 '말을 빨리 하는 것을 고쳐보겠다'라고 생각하고 동영상 녹화를 다시 해서 고쳐보고, 그 이후에 또 하나씩 개선점을 수정해나가면 좋습니다.

경쟁력 있는 나만의 스토리 찾는 법

광고로 찾아보는 스토리텔링의 힘

스토리텔링은 어려운 것이 아니라는 사실을 앞에서 꾸준히 이야기했다. 하지만 강의를 할 때마다 스토리텔링이 어렵고, 아무리 찾아도 스토리가 없다는 사람들을 위해 이번에는 스토리텔링의 범위를 조금 더 넓혀보고 싶다.

초코파이를 한번 떠올려보자. 가장 먼저 머릿속에 떠오르는 초코파이가 있을 것이다. 많은 사람들은 H사도 아니고, L사도 아니며, C사도 아닌 O사의 초코파이를 떠올린다. 사실 초코파이를 생각했을 때 위에서 언급한 다양한 브랜드의 초코파이가 존재하는지조차 몰랐던 사람도 많을 것이다. O사의 초코파이 광고인 '情(정)'이 너무 강력하기 때문에 초코파이는 모두 O사 초코파이라고 생각하는 사람들이 많기 때문이다(하지만 초코파이 맛은 감히 견줄 수 없을 정도로 모든 브랜드가 맛있다).

이처럼 O사의 초코파이가 사람들 머릿속에 가장 먼저 떠오르는 이유는 마케팅 덕분이다. O사는 마케팅을 정말 잘했다. '정(情)'이라는 주제로 한 편의 드라마를 보듯 광고를 만들었다. 초코파이로 전해지는 스토리의 힘이 소비자에게 전해지면서, 꼭 하나 사 먹고 싶어질 정도로 사람 마음을 울린다. 이것이 바로 내가 강조하는 스토리텔링의 힘이다. 이 힘이 소비자들에게 초코파이의 원조가 O사 초코파이라고 느끼게 큰 차이를 만들어내는 것이다. 스토리텔링은 큰 주제에 대한 핵심 메시지를 이야기 전개 구조로 만들어 구어체로 풀어내는 것이다. 사실의 서술이 아니라 사실을 이야기로 만들어 말하듯이 전달하면 그 전달력에 대한 힘은 상당히 커진다.

실제 사례를 들어 이를 설명해보자.

"내 친구가 교통사고를 당해서 일을 그만두게 되었다. 앞으로 어떻게 생활할지 고민이 많다."

일어난 일에 대한 사실적인 기술은 이와 같다. 그런데 여기에 효과적인 스토리텔링 방법인 '이야기 전개 구조와 구어체'를 접목하면 어떻게 될까?

"얼마 전 삼성역 사거리에서 교통사고를 크게 당한 내 친구. 그 친구는 팔을 크게 다쳐 하던 일을 그만둬야 하는 상황에 처했다. 그래서 친구는 걱정이 많다. 앞으로의 생활비에 세 아이에게 들어갈 학자금까지. 이 모든 것을 어떻게 충당해야 할까? 내 친구의 고민은 갈수록 깊어져만 간다."

단지 위의 사실을 이야기 구조에 따라 말하듯이 전달한 것뿐인데 우리가 느끼는 공감의 크기는 다르게 다가온다.

스토리텔링은 다음 이야기가 듣고 싶게 말하는 것

스토리텔링의 힘은 이렇게도 설명할 수 있다. 어느 조사 결과에 따르면 성인의 기본 집중력은 5분이 채 안 된다고 한다. 맞는 말이다. 생각해보면 우리들은 다른 사람의 발표를 5분, 아니 3분도 듣기 힘들어한다. 하지만 스토리가 탄탄한 드라마를 시청할 때는 한 시간이라는 러닝타임도 굉장히 짧게 느껴진다. 스토리 덕분에 드라마에 그만큼 공감을 하기 때문이다. 이것이 바로 스토리텔링의 힘이다. 발표를 할 때나 면접을 볼 때 사례를 들어 전달하는 방식이 청중들이나 면접관의 공감을 사는 이유도 바로 이 맥락과 같다.

〈A〉

저는 끈기가 많습니다. 그래서 귀사에서 하는 이런 일들을 잘 이겨낼 수 있습니다.

〈B〉

저의 가장 큰 경쟁력은 끈기입니다. 일례로 제가 방송국에서 인턴 활동을 했을 때, 저에게 주어진 일은 유명 연예인 섭외였습니다. 물론 쉽지 않았습니다. 하지만 저는 매일 아침 출근길에 그분에게 안부 인사를 하고 퇴근길에는 내일 날씨를 알려드리며 늘 그분 곁에서 얼쩡거렸습니다. 포기하지 않고, 시키지도 않은 정보를 알려드리고 친근하게 다가서려고 애썼지요. 그 결과 정확히 23일 만에 OK사인을 받아낼 수 있었습니다. 이러한 '끈기'라는 경쟁력으로 저는 귀사에서 맡는 그 어떤 험한 일도 맡아서 할 자신이 있습니다.

위 두 사례 중 어떤 면접자의 발표에 더 고개가 끄덕여지고 설득이 되는지는 바로 알 수 있다. 그렇다면 어떻게 효과적인 스토리텔링을 할 수 있을까?

가장 쉬운 방법은 주제에 맞는 핵심 메시지를 정하고, 그 핵심 메시지에 해당하는 사례를 찾는 것이다. 그리고 그 사례를 이야기 전개 구조로 풀어내고 실제 청중에게 이야기할 때의 느낌으로 말하듯이 내용을 다시 한 번 정리하면 된다. 내 이야기가 아닌 사례나 에피소드도 괜찮지만 자신의 경험을 곁들이는 것이 스토리텔링을 짜는 가장 쉽고 효과적인 방법이다. 왜냐하면 나의 경험이야말로 다른 사람과 겹치지 않으면서 구체적으로 묘사할 수 있기 때문이다. 뿐만 아니라 나의 경험은 독창적이고 흥미가 있으며 진정성이 있다. 스토리텔링의 파워로 본다면 내 경험 > 타인의 경험 > 신문, 책 등의 사례 순으로 나열할 수 있다.

스토리텔링의 주제는 명확하게 하나의 메시지만 담아내면서 주인공, 갈등, 갈등의 해소까지 그려내는 것이 효과적이다. 더불어 배경 묘사, 구체적인 등장인물, 그 당시 느꼈던 감정과 실제 대화체를 넣는다면 더욱 생동감 있는 스토리를 만들 수 있다. 에피소드는 대단한 것이 아니어도 된다. 일상에서 찾을 수 있는, 나도 경험해봄 직한 이야기가 공감을 불러일으키기 가장 좋다.

나만의 콘셉트, 퍼스널 브랜딩을 찾자

스토리텔링은 나 자신을 마케팅하는 '퍼스널 브랜딩(Personal Branding)'과도 관련이 있다. O사가 초코파이 마케팅으로 스토리텔링을 활용해 '정(情)'이라는 브랜드를 구축한 것처럼 스토리가 있는 사람은 자신의 가치를 상대방에게 더욱 잘 드러낼 수 있다. 퍼스널 브랜딩을 잘하기 위해서는 먼저 나 자신을 들여다보는 것부터 시작해야 한다. 내가 가장 잘 아는 사람은 바로 '나'이기 때문이다.

그런데 퍼스널 브랜딩은 절대 거짓말로 꾸며낼 수 없다. 나 자신에 대한 브랜드를 구축하는 것이기 때문에 나를 거짓으로 말하는 브랜딩이 되어버리면 그 브랜딩은 오래가지 못한다. 또 내가 보는 나와 남이 보는 내가 동일시되는 것이 좋다. 가끔 내가 잘 못하는 것도 스스로는 잘한다고 생각하거나 어울리지 않는데도 어울린다고 생각할 수 있다. 하지만 브랜딩은 다른 사람이 보는 관점과 너무 동떨어지면 쉽게 와 닿지 못한다.

그렇다면 퍼스널 브랜딩을 위해서 어떤 연습을 해야 할까? 나 자신을 제대로 파악하는 것이 먼저다. 그래서 나는 '경험 노트'를 만들어볼 것을 추천한다. 경험은 자신을 제일 잘 나타내는 지표이고 다른 사람들도 인정을 하는 부분이며 거짓을 말하지 않기 때문이다.

재일 한국인 2세로서 자기 정체성을 치열하게 고민한 정치학자 강상중 교수는 《살아야 하는 이유》(사계절, 2012)에서 이렇게 말한다.

> 과거의 축적만이 그 사람의 인생이고, 이에 비해 미래라는 것은 아직 아무것도 이루어지지 않은 제로 상태이다. 분명한 것은 과거는 신도 바꿀 수 없을 만큼 확실한 것으로 극단적으로 말하면 '내 인생'이란 '내 과거'이니 '나는 과거로소이다'라고 해도 좋다.

이 말에 따르면 자신의 과거가 스스로를 가장 잘 대변한다는 것을 알 수 있다. 공책을 한 권 펴놓고 아주 어릴 때부터 지금까지 자신이 어떤 경험을 해왔는지 최대한 구체적으로 경험을 적어보

자. 그리고 그 경험에서 나를 추출하고, 내가 어떤 사람인지 발견해야 한다. 이것이 퍼스널 브랜딩을 위한 첫 단계다.

자신이 적은 일련의 경험들은 분명 자신의 성격과 연관이 있을 것이다. 성공했을 때 나는 어떻게 행동했나? 또 힘든 일이 닥쳤을 때는 어떤 경로를 밟았나? 과거 일어난 일과 그에 대응했던 자신의 행동을 보면 스스로도 몰랐던 자신의 성격이 드러날 수 있다. 이런 성격들을 분류하며 자기 자신을 객관적으로 돌아보자. 이 일을 거쳐 자신의 진정한 매력을 발견하고, 또 이 매력을 효과적으로 드러내는 것이 바로 퍼스널 브랜딩이다. 퍼스널 브랜딩은 곧 나의 콘셉트가 된다.

실제로 나의 경험 노트에는 백 가지 이상의 과거가 담겨 있다. 그리고 그 많은 과거 가운데 나의 중심 콘셉트가 됐던 것은 '처음은 항상 실패', '원인과 결과에 대한 피드백' 그리고 '극복'이었다. 이것들이 지금 나의 퍼스널 브랜딩이 되었다. 더불어 요즘 강의를 나가다 보면 너무나 천편일률적인 삶을 사는 사람들이 많다는 것을 느낀다. 공부에 매진하는 10대, 취업에 매진하는 20대, 직장 생활이 고된 30대, 자녀를 키우는 게 버거운 40대, 은퇴를 앞둔 50대, 노후 준비가 안 된 60대 등 우리나라는 각 세대가 같은 고민과 문제를 가진 한 그룹으로 묶여 있는 것만 같다.

학교 내에서도, 취업 준비생 사이에서도 그리고 직장 내에서도 내가 원하고 회사가 원하는 한 분야의 전문가가 충분히 될 수 있다. 의사, 검사 등의 전문직만 전문가가 아니다. 내 분야에서 나만의 매력이나 나만의 독특한 발상으로 퍼스널 브랜딩을 갖춘다면 그 사람이야말로 세상에 둘도 없는 전문가라고 할 수 있다. 우리 모두는 전문가가 되길 원한다. 그러기 위해서는 나만의 콘셉트를 찾아야 한다. 나를 찾기 위해 고민하는 시간을 아까워하지 말자. 나를 알아야 제대로 된 퍼스널 브랜딩을 갖추고, 인생의 올바른 방향성을 찾을 수 있음을 명심하자.

프리젠터의 일기 #9

11월 14일

발표의 기본을 준비하려면?

오늘은 90분이라는 짧은 시간 동안 발표의 기본을 전달하는 강의 의뢰를 받았다. 그래서 강의안도 기본 중의 기본인 네 가지 핵심만 추려서 갔다. 그 네 가지는 다음과 같다.

1. 스토리텔링
2. 오프닝/클로징
3. PPT 디자인
4. 발표 연출

먼저 발표 전에는 스토리텔링을 생각해야 한다. 스토리텔링이야말로 발표를 재미있게 들려주기 위한 필수 요소이기 때문이다. 하지만 스토리텔링 강의는 강의실에서 설명할 때와 실습을 했을 때 가장 극명하게 차이가 나는 분야다. 강의실에서 스토리텔링하는 방법을 들을 때는 모두가 재미있게 듣지만, 정작 실습을 시작하면 가장 헷갈려하는 부분이기 때문이다. 그러고는 대부분 스토리가 없는 나열식 설명을 하는 경우가 많다. 스토리텔링은 설명하듯 사실 관계를 나열하는 게 아니다. 청중이 바로 다음에 이어지는 이야기가 듣고 싶도록 전개 방식을 구상하고 구조를 짜는 작업이 필요하다.

오프닝과 클로징에서도 "시간이 없는데 굳이 해야 해?"라고 의문스러워하는 사람이 많다. 난 이 부분만은 꼭 해야 한다고 주장한다. 오프닝과 클로징은 '나의 첫인상'과 '나의 진솔함'이 드러나는 순간이기 때문이다. 이 두 가지는 각각의 밸런스를 맞추고 전체 발표 시간에 따라 10초에서 100초까지 할애하는 시간도 다르게 가져가는 것이 좋다.

PPT 디자인은 기술이 없으면 많은 시간이 소요된다. 따라서 시간이 촉박하더라도 간단하면서 센스 있는 슬라이드를 만들 수 있는 열 가지 방법을 공유한다. 이때는 내가 모아온 PPT 샘플을 주는 것도 하나의 방법이 될 수 있다. '모방은 창조의 어머니다'라는 말처럼 다른 좋은 PPT 디자인들을 보는 것만으로 디자인 감각을 키울 수 있다.

발표 연출에 대한 부분도 빠질 수 없다. 아무리 내용이 좋아도 발표하는 모습에 따라 전달력이 가감된다. 발표 연출은 자세와 음성, 제스처, 동선, 아이 콘택트와 표정 등 나의 진솔함을 표현하는 수단이기도 하다. 기본적으로 스토리텔링과 오프닝, 클로징 그리고 PPT 디자인까지 세팅되면 적절한 연출은 필수다.

90분간 촘촘하게 기획한 강의가 끝나자 많은 분들이 앞으로 찾아오며 힘이 되는 말씀을 해주신다.

"역대 강의 중 가장 좋았어요."

이런 칭찬을 들으면 부끄러우면서도 내심 으쓱해진다. 나 또한 강의를 시작하던 4년 전과 많이 변했다. 두근거리던 긴장은 설렘으로 바뀌었고, 살짝 얼어 있던 나의 모습도 완숙해졌다. 오늘은 5분 정도 주어진 시간을 넘겨 강의를 끝냈다. “제가 5분 정도 늦게 마쳤네요. 하지만 괜찮아요. 여러분께서 10분을 지각하셨으니까요. 그럼 저는 결국 5분 빨리 마친 거죠? 하하”라고 머쓱하게 웃어버리니 다들 함께 웃어준다. 오랜만에 가져본 여유에 모처럼 마음이 가볍다.

오늘의 교훈

발표를 잘하고 싶다면 스토리텔링, 오프닝과 클로징, PPT 디자인, 발표 연출을 준비하자

이 네 가지가 내가 생각하는 발표의 기본이다. 그리고 기본이 준비되었다면 항상 같은 컨디션으로 발표장에 설 수 있을 만큼 수없이 연습하자. 그렇게 준비한다면 발표 마지막에 웃는 사람은 여러분이 될 것이다.

더 이상 무대에서 떨지 말자. 발표 불안 극복법

경쟁 PT 1년, 내가 먹은 청심환 개수는?

떨리는 것을 참을 수 있는 사람이 있을까? 긴장을 안 하는 방법이라는 것이 과연 존재할까? 내가 스스로에게 가장 많이 물어봤던 질문이다. 그리고 내가 내린 정답은 '없다'다.

나도 긴장하지 않기 위해서 청심환을 먹었던 과거가 있다. 앞서 이야기했듯이 발표 트라우마에 힘들었던 프리젠터 초보 시절에 말이다. 그때는 몇 개를 먹었는지 세지 못할 정도로 많이 먹었다. 한 병 먹었을 때 효과가 없어서 한 번에 두 개씩 먹은 적도 있다. 회사 일에 바빠서 청심환을 미리 사놓지 못했을 때에는 어머니께 부탁해서 몇 개씩 '쟁여' 놓기도 했다. 과장 보태서, 아마도 내가 청심환 매출에 어느 정도 영향을 주지 않았을까 하는 생각을 하기도 했다.

발표 전문가임에도 청심환을 먹었다는 것, 너무 아이러니하다. 그런데 청심환의 효과는 사실 없었다. 약효가 없었다는 것이 아니라 나의 긴장감이 너무 커서 효과가 나타나지 않았다. 그때서야 나는 청심환으로 내부적인 심리까지는 제어하지 못한다는 것을 느꼈다. 내가 대학교나 기업체에 강의를 갈 때면 항상 받는 질문이 있다.

"어떻게 하면 발표 불안증을 극복할 수 있을까요? 전 발표 때마다 너무 떨려요."

그리고 이런 질문을 하는 사람들의 증상은 보통 비슷했다.

"발표 불안이 심합니다."

"머릿속이 하얘져요."

"체계적으로 말하고 싶어요."

"저는 자신감이 없습니다."

"목소리가 떨려요."

"심장이 너무 빨리 뛰어요."

"얼굴이 빨개져요."

"상대방이 무슨 말인지 모르겠대요."

개인차에 따라 다르겠지만 나는 발표 불안증에 가장 좋은 해결점은 바로 '경험'이라고 확신한다.

앞에서도 이야기했듯이, 나 자신도 첫 경쟁 입찰 프레젠테이션을 할 때 발표 불안증이 있었고 발표 중간 아무것도 생각이 나지 않는 일시적 기억 상실 증상(블랙아웃 현상)으로 핵심 메시지를 전달하지 못해 입찰 가격 32억을 시원하게 말아먹은 일이 있었다. 분명 프리젠터로서 경쟁 입찰 프레젠테이션을 하기 전까지 수없이 카메라 앞에 서봤고, 스스로 말을 잘하는 사람이라고 자신해왔는데…… 그것이 나의 착각이었던 것이다.

사람은 누구나 처음 경험하는 일을 할 때 긴장하기 마련이다. 그렇기에 당연히, 처음 하는 발표에서 긴장하는 것은 정상이다. 이렇게 하는 것이 과연 맞나 싶은 불안감에서부터 열심히 준비한 만큼 기분 좋게 두근거리는 가슴 떨림까지, 그 모든 과정이 다 긴장의 연속이다. 그렇다면 긴장을 해결하는 방법인 '경험'을 쌓기 위해서 우리는 어떻게 첫 발표에 임해야 할까? 핵심은 바로 현장과 비슷한 장소를 꾸며놓고 수십 번, 수백 번 리허설을 하는 것이다. 연습 횟수로 따진다면 최소 30번 이상 실제와 같은 리허설을 하는 것이 필수다.

프로도 긴장한다

나도 프리젠터로 일한 지 얼마 되지 않았을 때는 경쟁 입찰 프레젠테이션을 앞둔 며칠 전부터 회사 회의실을 예약해놓고 충분한 리허설 시간을 가졌다. 그리고 리허설을 할 때는 휴대전화의 초시계를 재가며 심사위원이 앞에 있다고 상상하면서 허공에 대고 미소를 짓고, 인사부터 오프닝 그리고 클로징까지 실전과 똑같이 진행했다. 처음에는 이렇게 리허설하는 것이 너무 부끄러웠다. 나름 아나운서 경험도 있는 발표 전문가가 리허설하는 모습을 보여주는 것이 자존심 상했기 때문이다. 그런데 만족스럽지 못한 첫 경쟁 입찰 프레젠테이션 이후부터 이런 생각은 싹 바뀌었다. 세상에 노력하지 않는 전문가는 있을 수 없었다. 그 이후부터 가장 싫어하는 말이 "현정 씨는 프로잖아요", "프로니까 평소 하던 대로만 해줘요" 같은 말이 되었다.

프로도 긴장을 하고, 분명 연습이 필요하다. 이 긴장감을 떨치기까지 나는 6개월이라는 경쟁 입찰 프레젠테이션 경험이 필요했고, 그 이후부터는 경쟁 입찰 프레젠테이션 무대에서도 평소와 같은 안정된 마음이 유지되는 것을 경험할 수 있었다. 이렇게 경험을 통해 긴장감을 이겨낸 후에는 예전처럼 발표 전 수많은 리허설을 하지 않아도 역량을 제대로 끌어올릴 수 방법을 터득할 수 있었다.

우리는 발표를 앞두고 기획이나 슬라이드 만들기에 대부분의 시간을 할애한다. 그런데 아이러니하게도 발표 자체는 너무나도 쉽게 생각하면서 실전 발표 무대에 올라간다. 그러고 나서는 발표를 망치고 나서 '아, 난 발표 불안증이 있었어'라며, 자신이 만들어낸 불안증 뒤에 숨은 채 발표를 두려워하는 사람이 된다.

발표 불안증을 극복하는 효과적인 연습 방법

발표 불안증은 경험을 통해 극복할 수 있다. 그리고 그 경험은 철저한 연습밖에 없다. 여기 효과적인 연습법을 공유한다.

1. 녹음하기

스스로 연습하는 것을 휴대전화나 녹음기를 통해 모두 녹음하자. 정해진 시간 안에 끝내야 하는 발표라면 발표 시간 내 리허설이 끝나는지도 꼭 확인해야 한다. 그리고 발표 리허설 중에 어색한 부분이 있다면 흐름이나 내용을 수정하자. 자신이 듣기에 어색하면 상대방이 듣기에도 논리적이지 않다.

2. 전체를 모두 외울 필요는 없다

발표 시나리오를 준비했더라도 시나리오 토씨 하나하나를 다 외우는 것이 아닌, 키워드를 중심으로 외우자. 시나리오대로 말하는 것에만 의지하면 외운 것이 떠오르지 않을 때 아무 말도 못하는 심각한 실수를 범할 수 있다. 그러나 키워드 위주로 내용을 파악하면 논리의 연계성을 잡을 수 있어 시나리오 내용이 생각나지 않더라도 비슷한 흐름으로 발표를 이어갈 수 있다. 다만 버릇처럼 반복하는 언어 습관이 있다면 발표 시나리오를 작성해서 그대로 외워주는 것도 좋지 않은 습관을 개선하는 방법이 된다. 그리고 자신의 발표가 재미없게 느껴진다면 발표 시나리오를 작성한 뒤에 자신이 작성한 멘트가 얼마나 딱딱한 문어체인지 객관적으로 들여다보는 시간을 갖는 것이 좋다.

3. 오프닝만큼은 외운다

인사부터 오프닝까지는 꼭 실수 없이 외워두는 것이 좋다. 발표의 첫 도입부가 만족스럽게 흘러가면 그 기운을 타고 끝까지 발표가 잘되는 경우가 많기 때문이다. 이 방법으로 실수 없이 매끄럽게 오프닝을 할 때까지 반복 리허설을 진행하는 것이 좋다.

4. 잘하려고 하지 말자

과거에 잘하지 못한 발표 때문에 발표 때마다 두려움을 느낀다면 '발표 전문가도 긴장하는데 내가 떨리는 것은 자연스러운 것'이라고 생각하고 '100점짜리 발표를 하지 않아도 돼'라며 편한 마음을 가진다. 덧붙여, 발표 전날 과음하거나 과로하는 것을 피하는 등 컨디션을 조절하는 것은 필수다.

다시 한 번 말하지만, 발표 불안은 발표를 못해서 생기는 것이 아니라 연습을 하지 않아서 생기는 것이다. 연습을 통해 경험을 쌓고 경험이 누적되면, 두려웠던 떨림과 긴장은 기분 좋은 설렘으로 바뀐다. 그 설렘은 발표 후 환호를 받는 순간, 진정한 내 것이 된다는 사실을 꼭 느껴보기 바란다.

프리젠터의 일기 #10

2월 23일
경쟁 입찰 프레젠테이션에서
가장 황홀한 순간

우리가 절대 안 될 거라 여겼던, 가망이 없는데 '도대체 왜 입찰하느냐'고 여겼던 물건이 그저께 저녁 두 건이나 연이어 수주했다는 소식이 들려왔다. 우리 회사가 지난 30년 동안 단 한 번도 성공한 적이 없었고, 다들 가능성을 0퍼센트라고 여겼기에 기쁨이 컸고, 보람도 컸다. 특히 한 건은 우리가 최고가를 제시했음에도 단가를 낮게 제시한 다른 일곱 개 업체를 제치고 우리가 선정되어 더욱 뜻깊었다.

실전 프레젠테이션 날, 발표 시간은 10분이었음에도 정확히 7분여가 지났을 때 심사위원이 마무리를 부탁했다. 하지만 우리 발표의 클라이맥스는 후반부에 있었고, 이 발표는 아직 주어진 3분의 시간이 남아 있었다.

나는 곧바로 아이 콘택트와 함께 곧 끝날 것이라는 느낌의 작은 미소를 꾸준히 보였다. 그리고 심사위원들과 눈이 마주칠 때마다 내가 먼저 고개를 작게 끄덕이며 우리 회사의 강점에 대한 긍정의 메시지를 표현했다. 이렇게 하면, 심사위원들도 똑같이 고개를 끄덕이며 제안서가 아닌 나에게로 고개를 돌리는 프레젠테이션의 마법이 시작된다.

곧이어 발표가 끝나자마자 내가 강조한 것에 대한 질문 세례가 이어졌다. 좋았다. 강조하고 싶은 부분을 정확히 짚어 질의해주었다. 덕분에 끝까지 좋은 분위기로 프레젠테이션의 꽃이라는 질의응답 시간까지 마칠 수 있었다. 이번 프레젠테이션 발표를 하기 전부터 주변에서는 수주 가능성이 없다고 말해왔지만 나는 왠지 기대감을 가져도 좋을 것 같다는 기분으로 발표장을 나왔다.

그 결과, 수주 확정! 퇴장할 때의 기분이 보통 수주 여부를 확신하게 만든다. 이번에도 기분이 좋았다. 게다가 최고가를 제시했음에도 우리가 수주했다는 것은 그만큼 믿음을 보여주었다는 방증이다. 수주에서 가장 보람찬 순간이 이런 순간이다. 예상치 못했던 수주 소식은 모두를 기쁘게 만든다. 이런 날은 기분이 좋아서 하루 종일 싱글벙글한다. 내가 발표를 좋아하는 이유도 바로 이런 황홀한 순간을 맞이할 수 있기 때문임이 분명하다.

오늘의 교훈

만족스러운 발표는 카타르시스를 안겨준다

발표를 잘하기 위해서는 논리를 갖춘 기획, 흐름이 있는 스토리텔링, 수많은 연습, 발표 연출 등 많은 전략이 필요하다. 하지만 그중에서 가장 중요한 것은 바로 발표자의 진정성이다. 나의 진정성이 녹아든 발표만큼 훌륭한 발표는 없다.

Part 3

청중을 휘어잡는 설득의 기술

상대방을 내 편으로 만드는 법

듣고 싶은 것을 말하고, 보고 싶은 것을 보여주자

누구와 만나도 잘 어울리는 사람. 나는 그 사람이 바로 나라고 생각해왔다. 학창 시절부터 사회생활을 할 때까지 누군가를 크게 싫어한 적도 없었고, 누구로부터 크게 미움받은 적도 없었다. 그래서 스스로 생각하기에 나의 가장 큰 강점이 인간관계라는 생각마저 들었다. 그런데 스물아홉 살 1월, 그 생각이 와장창 무너졌다. 스물아홉 살이 되던 해, 나는 프리랜서 아나운서 생활을 청산하고 한 대기업에 전문 프리젠터로 정식 입사했다. 그때만 하더라도 일에 대한 두려움만 있었지 직장에서의 생활이 힘들 것이라고는 추호도 생각하지 않았다. 단 팀장님을 만나기 전까지는.

우리 부서의 팀장님은 회사 내에서 아주 꼼꼼하고 매섭다고 소문이 자자한 분이었고, 나는 그런 팀장님이 팀장으로 승진한 후 뽑은 첫 신입 사원이었다. 팀장님은 일에 대한 욕심이 많았던 만큼 나에게도 멀티 플레이어의 모습을 원했다. 전문 프리젠터로 입사해서 회사 내 경쟁 입찰 프레젠테이션을 하는 것이 나의 주 업무였지만 나는 영업과 손익 작성, 사업 계획서 및 텔레마케팅, 프레젠테이션 디자인까지 모든 업무를 아울러야 했다. 말하는 것만 해왔기에 발표 이외의 다른 업무를 소화하는 것이 생각보다 쉽지 않았다. 그래서인지 항상 팀장님에게는 내가 부족하고 마음에 차지 않는 사원이었다. 그리고 나 또한 스스로의 역량이 부족하다고 느끼면서 회사에 출근하기가 싫어졌다. 출근하면 혼나는 것으로 시작해서 혼나는 것으로 하루를 보내다 왔다. 마음 같아서는 당장 그만두고 싶었다. 그러나 나 자신에게 딱 1년만 유예 기간을 주자고 마음먹었다.

그렇게 마음을 다잡은 뒤로 업무를 따라잡기 위해 주말에도 팀원들 몰래 출근해서 공부를 하거나 팀장님께 보고할 일이 있을 때는 그 전날 밤을 새서라도 관련 자료를 100페이지 넘게 준비해 팀장님의 질문에 대비했다. 그리고 그때서야 알게 되었다. 팀장님이 원하는 모습은 정답을 말하는 것이 아닌 정답을 찾고자 노력하는 모습이었다는 것을. 그것이 신입 사원이 갖춰야 할 덕목이라고 팀장님은 생각했던 것 같다.

'아, 팀장님과 어우러지는 회사 생활을 위해서는 내가 다른 사

람들보다 더 열정적인 모습을 보여야겠구나.'

나는 그렇게 회사 생활에서 나만의 정답을 찾았다. 그래서 팀장님 앞에서는 더 열심히 하는 모습을 보이고, 또 주어진 일보다 더 많은 일을 스스로 찾아서 하려고 노력했다. 누군가는 이 모습을 가식이라고 할 수도 있다. 그런데 신기하게도 이 가식의 시간이 쌓여갈수록 내 실력은 몇 배로 늘어나게 되었다. 처음에는 팀장님에게 혼나지 않기 위해 '보이기' 식으로 행동했지만 그 행동의 결과는 나조차 놀랄 만한 실력으로 돌아왔던 것이다. 결국 스스로 일에 대한 애정과 열정을 갖게 된 나는 얼마 지나지 않아 팀 내에서 인정받는 직원이 되었다. 그리고 호랑이 같던 팀장님에게도 예쁨받는 직원이 될 수 있었다. 나는 이후로 2년이라는 시간을 더 회사에서 보냈다. 신입 사원으로 입사할 당시에는 한 달도 버티기 힘들어 1년만 고생해보자고 이를 악물었는데, 그 후 2년의 시간이 쏜살같이 흘러갔다.

발표의 기본은 청중이 듣고 싶은 말을 하는 것

일상생활에서뿐만 아니라 발표에서도 마찬가지다. 발표의 기본은 청중이 듣고 싶은 말을 하는 것이다. 다음 그림에서 나무 막대는 세 개일까, 네 개일까? 세 개로도 보이고 네 개로도 보인다. 이 그림을 이해하면 내가 말하고자 하는 바가 확실해진다.

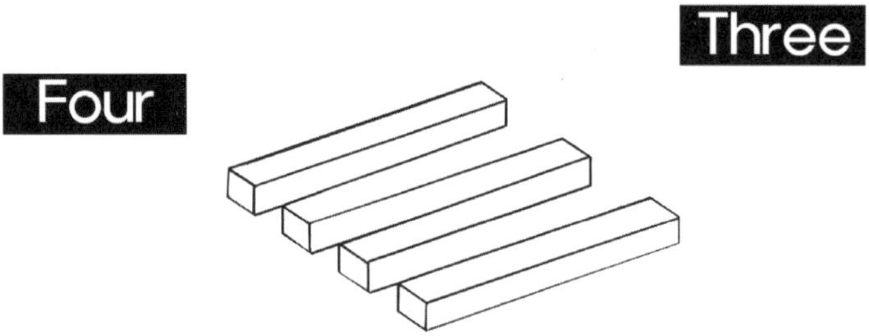

나무 막대는 세 개일까, 네 개일까?

발표는 바로 위의 그림과 같다. 중요한 발표장에서 나는 계속해서 네 개라고 말하는데 정작 듣는 사람들은 세 개라고 받아들일 수 있는 일. 그런 일이 발표장에서는 빈번하게 벌어진다. 그렇기 때문에 발표자는 자기 입장에서 말하는 것보다 자신이 설득하고자 하는 청중의 입장에서 자신의 말이 어떻게 들리는지 꾸준히 살펴야 한다.

"듣고 싶어 하는 것을 들려주고, 보고 싶어 하는 것을 보여주자."

이 말은 어디에서든 통용된다. 강의를 진행할 때도 마찬가지다. 어느 비 오는 저녁, 나는 한 대기업에 강의를 하러 갔다. 룰루랄라 신나게 강의장에 들어갔지만 웬일인지 강의장 안에 모인 직원들의 표정은 한결같이 어두웠다. 알고 보니 내가 맡은 강의가 회사에서 제공하는 의무 강의였다. 그것도 일과를 마친 후 퇴근도 못 하고 억지로 듣는 강의인 데다가 심지어 바깥에는 추적추적 비까지 내리고 있는 상황이었다.

강제로 강의를 들으러 온 직원들은 '일도 많은데 강의 때문에 퇴근도 못 하고, 집에 갈 때는 비까지 오네. 아, 우산은 가져왔나? 짜증나'라는 생각을 하고 있었을 것이다. 그런 강의에서 좋은 반응을 이끌어내기란 쉽지 않다. 아니나 다를까, 강의를 시작하려고 하는 순간에도 직원들은 이어폰을 꽂고 있거나 노트북으로 일을 하는 등 나에게 전혀 집중하지 않았다. 마치 '당신은 할 일만 얼른 마치고 가버려!'라고 온몸으로 말하고 있는 것 같은 느낌이었다. 심지어 어떤 직원은 엎드려서 일어나지도 않았다. 그 순간 나는 준비했던 오프닝 멘트를 버리고 인간적으로 그들에게 다가가 정말 궁금했던 것을 물었다.

"안녕하세요. 오늘 강의장에 오면서 여러분을 만나게 되면 꼭 물어보고 싶은 질문이 있었어요."

내가 이렇게 포문을 열자, 반 이상의 사람들이 고개를 들었다. 나는 곧바로 이야기를 이었다.

"제가 사실 여러분과 비슷한 또래인데, 취업 준비생 시절 이 기업 면접에 세 차례나 도전한 적 있습니다. 그런데 항상 인적성에서 탈락했어요. 다른 기업들 인적성에서는 다 붙었는데 유독 이 기업에서만 떨어졌지요. 그 이유를 저는 지금도 모르겠습니다. 여기 계신 여러분의 합격 비결은 무엇인가요? 인적성 면접을 통과한 여러분이 부럽기만 합니다. 이렇게 좋은 기업에 다니시고! 왜 이 기업은 저를 안 붙여줬을까요? 하하."

이 첫마디가 즉석에서 바꾼 그날의 내 오프닝 멘트였다. 내 사심과 진심이 묻어난 오프닝이었다고 할 수 있었다. 내가 불합격한 이야기로 강의의 포문을 열자 몇몇 직원은 웃으며 합격 비결을 말하기도 하고, 어떤 직원은 회사가 생각만큼 환상적이지는 않다며 농담을 하는 등 자연스럽게 강의장 분위기가 화기애애해졌다.

실제로 나는 아나운서를 준비하기 전 부모님의 반대로 대기업 입사 시험을 치른 경험이 꽤 있었다. S 기업, C 기업, H 은행 등 다양한 기업의 최종 면접까지 보고 더러는 합격도 했지만, 이상하게 그날 강의를 나갔던 기업의 인적성은 한 번도 합격한 적이 없었다. 그래서 그 기업의 인적성은 지금까지도 나에게 가장 어려운 시험으로 남아 있었고, 그날의 오프닝은 진심이 우러난 부러운 고백(?)이었던 것이다.

이렇듯, 발표자가 자신의 감정을 진솔하게 털어놓으면 청중은 하나 둘 상체를 앞으로 기울이며 발표자의 이야기에 귀를 기울이기 시작한다. 나는 이 비결을 발표할 때마다 반드시 써먹는다. 발표를 하기 전 우리는 이론적으로 '3P 분석'을 한다. '3P'란 '목적(Perpose)', '청중(People)', '장소(Place)'를 가리킨다. 나는 이 세 가지 가운데 'People', 즉 사람에 대한 분석과 관심이 가장 중요한 항목이라고 생각한다.

앞서 살펴본 두 가지 사례의 공통점도 '사람에 관심을 가지는 것'이었다. 발표 전 주제를 정할 때는 대개 발표자인 '내가 하고 싶은 이야기'를 준비한다. 내가 잘할 수 있고 내가 하고 싶은 이야기가 청중이 듣고 싶은 이야기와 일치한다면 더할 나위 없이 좋은 발표가 될 수 있다. 하지만 일치하지 않는다면 어떤 상황이 벌어질까? 발표를 듣는 청중은 재미가 없다고 느끼거나 발표를 들어야 할 이유를 잃어버리고, 시간이 길어지면 아예 자리를 뜨게 된다. 듣는 사람이 관심 있는 이슈, 중요한 정보를 이야기하는 것이 발표의 기본이다. 그리고 발표의 종류는 생각보다 다양하다. 면접, 프레젠테이션에서의 발표뿐만 아니라 일상생활에서의 대화, 직장생활 및 사회생활에서 내가 말하는 모든 것이 발표다. '내가 하고 싶은 이야기가 아니라 청중이 듣고 싶은 이야기를 해야 한다'는 것은 너무나 기본에 속한다. 하지만 이 기본을 지키는 것은 어렵다. 일상생활 속에서 상대방을 배려하는 마음을 말로 표현하는 연습. 이것이 기본을 지키는 첫 걸음이다.

프리젠터의 일기 #11

11월 23일
상대방이 듣고 싶은 말을
준비하자

오늘은 경쟁 입찰 프레젠테이션 컨설팅 마지막 날이다. 마지막 날이기에 발표 연출과 함께 질의응답 기법까지 함께 점검했다. 먼저 발표 연출에는 동선부터 아이 콘택트, 목소리 강조법, 제스처 등 보다 전달력 있는 모습을 위한 연출을 가미한다. 단 연출은 어디까지나 호소력을 바탕으로 하는 것이 기본임을 명심한다. 예쁘기만 한 발표는 절대 해서는 안 된다.

컨설팅 마지막 날 가장 중요한 것은 질의응답 대비다. 질의응답에도 화법이 존재한다. 심사위원의 심기를 거스르지 않으면서 강조할 점은 강조하고, 그 후에 내가 하고 싶은 이야기를 해야 한다. 바로 상대방을 미리 인정하고 나의 말을 이어가는 'YES-BUT' 화법을 이용하는 것이다. 나는 이 화법을 남편에게서 배웠다. 남편은 나와 의견 충돌이 있을 때 화를 내거나 즉각적으로 반응하지 않는다. "당신 말도 맞아. 그런데 이렇게 생각하는 게 어때?", "충분히 무슨 말인지 알겠어. 하지만 이런 방법도 있는 것 같아", "당신 말이 맞아. 그런데 지금 상황에서 조금 다르게 생각해보면……" 하는 식으로 서로 의견이 어긋나더라도 먼저 내 말에 수긍하고 난 뒤에 자신의 의견을 피력하면서 슬기롭게 대화를 이어가는 방법을 쓴다. 나는 남편의 이 화법을 'YES-BUT' 화법이라고 부른다. 그리고 질문에 대한 답변이 장황해지지 않도록 간결한 화법을 구사해야 한다. 이것은 'PREP 화법'이라고 부른다. 결론(Point)을 먼저 말하고 그에 대한 이유(Reason)을 말한 후, 예시(Example)를 언급한 후에 다시 결론(Point)으로 말을 마치는 것이다. 이렇게 말해야 심사위원들은 대답을 들으면서 지루해하지 않는다. 더불어 예상 질문을 100개 이상 만들고 그에 따른 답변도 30개 정도 준비하면 질의응답에 대비하는 자세를 갖출 수 있다(답변이 질문보다 적은 이유는, 질문 의도에 따라 같은 답변을 활용할 수 있기 때문이다).

무엇보다 예상 질문을 준비할 때는 '내가 고객사라면 가장 듣고 싶은 말', '가장 중요하게 생각하는 것'을 떠올리고 준비해야 한다. 우리 업체의 자랑이 아닌 그들이 확인받고 싶은 것을 친절하게 확인시켜주어야 하는 것이다. 마치 환자가 의사에게 몇 번이나 아픈 곳을 물어보고 정말 괜찮은 것인지 또 물어보는 것처럼, 고객사도 몇 번이고 확인받고 약속받고 싶어 한다는 것을 잊어서는 안 된다. 연습에는 끝이 없다. 매 연습마다 실력은 나아지지만 수정 사항은 발생한다. 이것이 연습의 묘미다. 결국, 연습에 지치지 않는 사람이 성공적인 발표를 할 수 있다.

오늘의 교훈

질의응답은 프레젠테이션의 꽃이다

질의응답이 꽃인 이유는 상대방을 설득하는 가장 중요한 순간이기 때문이다. 프레젠테이션 발표를 하면서도 끊임없이 청중과 교감해야 하는 것은 맞다. 하지만 질의응답 때는 실제로 청중과 대화를 통해 내 의중을 더욱 잘 전달할 수 있다. 상대방이 듣고 싶은 말이 무엇인지 파악하고 예상 질문과 답변을 준비하자.

진정한 설득은 존중에서 시작된다

내 생각을 강요하지 말자

B형, 최씨, 곱슬머리 하면 떠오르는 것이 하나 있다. 바로 고집이 세다는 것이다. 나는 이 세 가지를 모두 갖춘 사람이다. 그래서인지 어릴 때부터 고집 하나는 기가 막히게 부렸다. 슈퍼마켓에서 과자를 사도 꼭 맛있게 먹었던 한 종류만 꾸준히 먹고, 다른 과자들은 친구들이 아무리 맛있다고 이야기해도 그 말들을 무시하고 나중에서야 '아, 그 과자도 맛있었구나. 더 빨리 먹어볼걸' 하며 후회를 했다. 학생 때는 매일같이 나를 혼내는 담임 선생님을 보며 '선생님은 나만 미워한다'는 생각에 1년 내내 선생님이 좋아하지 않는 행동만 골라 하는 사춘기 시절을 보냈다. 시간이 지나 생각해보니, 그것도 선생님이 나를 미워한 것이 아니라 당시 성적이

좋았던 내가 자만심을 가지게 될까 봐 일부러 엄하게 하셨다는 것을 깨닫고는 참회(?)의 시간을 가진 적도 있다.

나는 이렇게 사소한 것에서부터 고집이 셌다. 그리고 나만의 정답을 정해두고 살아왔다. 그런데 아나운서, 프리젠터, 컨설턴트, 강사 등 상대방과 소통하는 직업을 갖게 되면서 고집이 대화에 악영향을 끼치는 경우가 많음을 알게 되었다. 대화가 막히는 큰 이유 중 하나가 고집에서 오니까 말이다.

"예전엔 애 낳자마자 밭에서 일했어. 여자는 다 하는 일이야."

아이를 낳은 엄마라면 어디선가 한번쯤 들어본 이야기일 것이다. 나 또한 최근에 아이를 낳으면서 이런 말을 하는 아버지와 크게 다툰 적이 있다. 내 출산은 순조롭지 않았다. 지혈이 잘 되지 않아 쇼크가 오고 수혈까지 받았다. 그래서 나는 아기가 태어나고도 한참 동안 수술실에서 나오지 못했다. 예전이었으면 산모도 아기도 다 잘못됐을 것이라는 말까지 들었다. 그렇게 힘들게 아기를 낳고 중환자실에서 3일 만에 나온 만큼 회복도 빠르지 못했다. 그런데 그 와중에 아버지가 이런 말을 하니, 힘들었던 나는 욱하는 감정이 올라왔다. 그래서 이렇게 받아쳤다.

"옛날하고 비교할 거면, 아빠도 휴대전화 쓰지 말고 자동차 타고 다니지 말고 말 타고 다녀!"

너무 유치했다. 감정적인 말에 감정적으로 대응하는 것이 대화 단절의 원인이 된다는 것을 누구보다 잘 알면서도 나는 저런 말밖에 나오지 않았다. 물론 아버지는 너무 힘들어하는 딸을 보고 안쓰러운 마음에 '괜찮을 거다'라는 말을 돌려 하신 것이다. 그러나 예민해질 대로 예민해진 나는 감정이 상했고 결국 아버지와 대화하기를 포기했다. 이처럼 자신의 가치관이나 생각이 완고할 경우는 선입견이나 고정관념에 빠질 확률이 높다. 시대에 맞는 유연한 사고방식이 무엇보다 필요한 이유다.

다르다와 틀리다는 다른 말이다

'다르다'와 '틀리다'는 다르다. 하지만 우리는 종종 '다르다'를 '틀리다'라고 잘못 생각하는 경우가 있다. 다르다는 것은 상대방의 생각을 존중할 수 있다는 것이고, 틀리다는 것은 상대방의 생각이 잘못되었다는 것이다. 아버지는 예전과 비교하면서 딸인 나에게 틀렸다고 이야기했다. 그래서 나 또한 "내가 틀렸다고?"라며 기분 나쁘게 받아들이고 말았다.

절대적인 기준을 제외하고는 세상에 틀린 것은 없다. 다른 점만 있을 뿐이다. 우리 모두는 존중받을 만한 사람이고 법이나 도덕성에 어긋난 행동을 하지 않는 한 다른 사람들의 가치관에 좌우되지 않을 권리가 있다. 그리고 그것은 내가 다른 사람을 판단할 때에도 적용된다. 길 가다가 차림새가 남다른 사람을 보고 킥킥거리며 웃는 것은 내 기준에서 그 사람이 잘못됐다고 생각하기 때문이다. 반대로 다른 사람이 나를 보면서 그런 생각을 할 수도 있다. 하지만 이런 판단은 나의 주관적인 기준에서 오는 것일 뿐 절대적 판단의 기준이 될 수도 없고, 되어서도 안 된다.

고객이 항상 옳은 시대는 지나갔다

"고객이 항상 옳다"라는 말이 있다. 런던에 셀프리지스(Selfridges & Co) 백화점을 설립한 해리 고든 셀프리지(Harry Gordon Selfridge)가 처음 사용한 말이다. 이 문구는 기업이 고객에게 좋은 서비스를 제공할 것을 약속하는 한편, 근로자에게 좋은 서비스를 강조할 때마다 쓰인다. 그런데 이 말 또한 이제 더 이상 절대적 판단의 기준이 되지 못한다. 1900년대부터 최근까지 '고객은 왕이다'라는 마케팅이 주류를 차지했지만, 지금은 '고객이 항상 왕은 아닌 것 같은데?'라는 인식이 사람들 사이에 조금씩 퍼지고 있기 때문이다. 고객과 판매자를 바라보는 우리의 시선 자체가 달라지고 있다. 고객도 잘못할 때가 있고, 옳지 않을 때가 있다.

많은 기업들도 이제는 무턱대고 고객 우선주의를 외치지 않는다. '왕'이라는 태도 하나로 밀고 나가며 무분별한 요구를 해오는 고객을 근로자가 더 이상 용인할 필요도 이제 없어졌다. 고객보다 직원을 우선한 기업으로는 미국의 사우스웨스트항공(Southwest Airlines Co.)의 사례가 유명하다. 이 이야기는 어느 여성 고객의 항의 메일로 시작한다. 이 고객은 평소 사우스웨스트항공을 자주 이용하면서 항공사 측에 수많은 항의 메일을 보낸 장본인이었다. 오죽했으면 항공사 직원들이 그녀에게 '펜팔'이란 닉네임을 붙여줄 정도였다. 그녀가 사우스웨스트항공에 대해 마음에 들지 않았던 사항은 대략 이런 것들이다.

"항공사가 자리를 배정해주지 않는다", "이 비행기에는 일등석이 없다", "이 비행기에는 식사 서비스가 없다", "탑승 절차가 불편하다", "승무원의 운동복 같은 유니폼과 격식을 차리지 않는 분위기가 싫다"…….

결국 고객 관리팀은 그녀의 항의 메일을 감당하지 못하고 당시 CEO인 허브 켈러허(Herb Kelleher)에게 처리를 부탁하며 메일을 보냈다. 메일을 본 켈러허는 60초 만에 답장을 썼다.

"크랩애플 여사, 당신이 그리울 겁니다. 안녕."

고객 항의에 대해 어떠한 답변도 없었던 것은 당연했다.

켈러허는 고객이 무조건 옳다는 편견을 깨고 직원들의 가치를 우선시했다. 이러한 그의 경영 방법은 사내 분위기를 좋게 만들었고, 그 덕분에 직원들의 서비스 마인드는 더욱 좋아져 현재 사우스웨스트항공은 업계 선두주자 자리를 굳혀가고 있다.

지금까지 "고객이 항상 옳다"라는 말은 정답처럼 통용되어왔다. 그런데 켈러허는 그 말이 무조건적인 정답이 아니며 직원들도 인정받아야 한다고 말했다. "고객이 무조건 옳다"는 말은 직원을

고객이 항상 옳다는 생각으로 경영 철학을 펼친 현대식 백화점 시스템의 선구자 해리 고든 셀프리지(왼쪽)와 직원들의 가치를 먼저 챙긴 사우스웨스트항공의 최고 경영자 허브 켈러허(오른쪽)

불행하게 만들고, 직원이 불행하면 회사도 불행해진다는 것을 켈러허는 누구보다 잘 아는 경영자였다.

고객이 언제나 옳다는 것은 언제까지나 정답일 것 같은 말이었다. 그런데 조금만 생각을 바꾸면 사우스웨스트항공과 같이 다른 관점으로 바라볼 수 있다. 마찬가지로 나의 정답이 다른 사람에게도 정답이 되지는 않는다. 우리 모두는 저마다의 개성이 있는 다른 사람이고, 다르다는 것은 존중받아야 한다. 그리고 다르다는 것이 존중받는 순간 우리들에게 일어나는 감정싸움은 줄어들고 기분 좋은 일상이 찾아오게 될 것이다.

프리젠터의 일기 #12

12월 28일
정해진 프레젠테이션대로
하면 망한다

발표 장소에 오니 블라인드 PT다. 발표할 때 업체를 거론하면 안 되는 블라인드 PT가 아닌 진짜 심사위원들의 얼굴을 볼 수 없도록 파티션이 쳐져 있다. 마치 조선시대의 유교 철칙인 '남녀칠세부동석(男女七歲不同席)'을 연상시키듯, 심사위원과 나는 파티션 하나를 사이에 둔 채 서로를 바라볼 수 없었다. 업체명과 나의 직함 및 이름을 말하는 것도 당연히 금지다. 대면 PT라고 생각하고 모든 상황을 여기에 집중해왔는데 담당자의 장소 설명을 듣고 당황했다.

추첨을 했는데 마지막 순서인 4번. 평소 같았으면 4번을 좋아하지 않았지만 오늘은 '럭키'다. 달라진 PT 환경에 대비할 수 있는 충분한 시간이 주어졌기 때문이다. 서로 얼굴을 볼 수 없고, 파티션이 나누어진 채로 발표자는 자리에 앉아서 설명을 하면 되는 상황. 그래서 '외우지 않고 대본만 착실하게 읽으면 되겠다!'라고 생각할 수도 있다. 하지만 난 그렇게 생각하지 않았다. 더욱 절실하게 전달력을 표현해야 했다. 나는 발등에 불이 떨어진 채로 블라인드 PT를 듣는 사람의 입장을 먼저 고려해봤다. 그들은 무엇보다 지루할 것이다. 그리고 발표자를 볼 수 없으니 청각에 의존할 것이다.

나는 준비한 발표를 버렸다. 다른 업체 사람들이 준비한 대본을 읽어 내려갈 때 만약 나 혼자 자연스럽게 외운 듯이 발표한다면 너무 튈 수 있다고 생각했다. 질문의 요소를 많이 넣었기에 심사위원들이 듣기에 부담스러울 수도 있을 것 같았다. 그래서 내레이션용 대본을 새로 만들었다. 이왕 청각적인 요소를 자극해야 한다면 오늘 참가한 어느 업체보다 그리고 어떤 발표자보다 좋은 목소리로 전달력에 100퍼센트 초점을 맞추기로 했다.

그렇게 나는 즉석에서 새로 짠 내레이션(?)용 대본에 강조점과 쉴 부분을 일일이 체크했다. 심사위원들이 부담스러워할 연출도 뺐다. 담백하고, 지루하지 않을 정도로 논점도 간결화했다. 듣기만 해야 하는 입장에서 발표자가 장황하게 말하면 '그래서 어쩌라고? 다 아는 얘기를 왜 그렇게 길게 하는 거야?' 하는 심정이 들 수 있다. 그래서 화법도 변경해야 한다.

경쟁 입찰 프레젠테이션에 정답은 없다. 하지만 주어지는 환경에 따라 접근법은 달라야 한다고 생각한다. 오늘도 최선을 다했다. 2018년의 마지막 프레젠테이션이자 나의 일, 보람을 느꼈다면 그것으로 만족한다.

오늘의 교훈

똑같은 방식이 항상 옳은 것은 아니다

지금까지 일상적으로 해왔던 방식은 많은 사람들의 지혜가 모아진 최선이었을 가능성이 크다. 하지만 아무것에도 변화를 주지 않는 사고방식이 항상 옳지는 않다. 만약 삶에서도 정답을 정해두고 아무런 변화를 주지 않았다면, 조금 과장을 보태서 우리는 구석기시대랑 별반 다르지 않은 현재의 삶을 살고 있었을 것이다. 현재에 안주하지 않고 정답이 있다고 여기지 않았기 때문에 우리는 꾸준히 발전하는 삶을 살고 있다. 때로는 유연한 사고방식이 필요하다.

말 한 마디에 진심을 담아라

진심어린 칭찬은 마음의 벽을 허문다

나는 평소에 편견을 갖지 말자는 말을 늘 강조하는데, 이런 나에게도 편견을 떨치기 힘든 순간이 있었다. 바로 정치인을 바라보는 시선이 그랬다. 정치인들이 진심으로 국민을 위해 일하는 게 맞는가 하는 의심이 늘 들었고, 국민들의 목소리에 모두 귀를 기울이지는 않을 거라는 생각이 강했다. 그런 나에게 어느 시장님과 함께하는 토크 콘서트 기회가 찾아왔다.

현장 리허설을 위해 미리 장소를 찾은 나는 별 기대 없이 내 할 일에 임하고자 몇 가지 사항들을 체크하고 있었다. 그런데 갑자기 사람들의 박수소리와 환호성이 들렸다. 시장님이 정해진 시간보다 일찍 방문한 것이다. 그렇게 토크 콘서트는 시작을 알리게 되었고 나는 사회자로서 차근차근 순서를 진행해나갔다.

콘서트 중에는 '시민들의 소리'라는 제목으로 영상이 상영되는 순서가 있었다. 영상의 내용은 시민들이 건의 사항을 시장님께 전달하는 것이 주를 이루었다.

"소방도로가 너무 좁아요", "계단이 가파르고 많아서 무릎이 아파요", "도로에 과속 방지 카메라를 달아주세요" 등, 시민들은 시장님께 시민으로서 불편했던 점을 있는 그대로 진솔하게 전달하고 있었다. 영상이 끝나고 예정된 대로 다시 진행을 이어가려는 순간 시장님이 마이크를 잡으며 시간을 조금 할애해달라고 부탁했다. 그리고 현장에서 즉석으로 건의를 한 시민들을 찾아서 관련된 내용에 대하여 더 많은 설명을 들려줄 것을 부탁했다.

시민들의 이야기가 이어질 때마다 시장님은 담당 직원들을 불러서 함께 건의 사항을 메모했고, 자신의 스케줄을 확인하며 몇 날 몇 시에 직원이 방문해서 다시 한 번 꼼꼼하게 확인해볼 것임을 시민들께 약속했다.

그렇게 몇 명의 시민과 직접 이야기를 이어가는 모습을 본 나는, 그때서야 내가 편견을 가지고 토크 콘서트에 임하고 있음을 깨닫게 되었다. 그래서 나도 모르게 진심을 담아 "시장님께서 굉장히 인기가 많으시네요. 부럽습니다"라고 말해버렸다. 그 전까지는 의례적인 칭찬이었다면, 이번에는 진심으로 시장님이 좋아서 한 칭찬이었다. 그래서일까? 시장님의 얼굴에 환한 미소가 번

졌고 그 이후에 이어진 토크 콘서트에서는 더욱 벽을 허문 시장님의 모습을 느낄 수 있었다.

대통령을 키운 어머니의 한마디

미국 제42대 대통령 빌 클린턴(Bill Clinton)은 재임 기간 동안 미국 국민에게 꽤 인기가 높았다. 아칸소 주지사를 지내고 재임에 성공해 1993년부터 2001년까지 미국을 이끈 빌 클린턴은 어린 시절 그다지 유복하게 자라지 못했다. 친아버지는 클린턴이 태어나기 3개월 전에 사망했고, 어머니는 생계를 유지하기 위해 어린 빌을 외할머니에게 맡겼다. 그래서 그는 한동안 외조부 밑에서 자랐으며, 어머니가 재혼한 뒤로는 가정 폭력을 일삼는 새아버지 밑에서 생활해야 했다. 그런 어두운 과거 때문일까? 빌 클린턴과 함께 자라온 그의 이복동생은 마약 중독자가 되었고, 음주운전으로 몇 번이나 경찰에 입건됐다. 하지만 빌 클린턴은 달랐다. 그에게는 누구보다 맹목적으로 자식을 사랑한 어머니가 있었기 때문이다. 클린턴의 어머니는 아들에게 매일같이 이렇게 말했다.

"사랑한다", "너는 세상에서 가장 소중한 아이야", "네 능력을 믿는단다".

자신을 격려해주고 인정해주는 말 덕분에 빌 클린턴은 어려움 속에서도 좌절하지 않을 수 있었다. 그리고 자신이 할 수 있다는 것을 전 세계 사람들에게 보여주며 미국 대통령 자리에 올랐다. 칭찬의 말 한마디가 빌 클린턴의 인생을 송두리째 바꿔놓은 것이다. 이처럼 칭찬은 누군가에게 엄청난 용기와 자신감을 불어넣어 준다.

칭찬은 자존감을 높인다

칭찬하는 방법은 많다. 외모를 칭찬할 수도 있고, 상대방의 행동을 보고 칭찬할 수도 있고, 또 상대방이 가진 물건에 대해 칭찬할 수도 있다. 그러나 무슨 칭찬이 되었든 무엇보다 중요한 것은 칭찬할 때 진심을 담는 일이다. 간혹 우리는 칭찬하는 것이 부끄럽다고 말한다. '속보이는 짓' 같아서 하고 싶지 않다고 말하기도 한다. 하지만 내 생각은 조금 다르다. 우리가 칭찬을 하기 싫어하는 것은 혹시 누군가가 부럽다는 것을 밖으로 드러내서 말하고 싶지 않은 심리가 작용하는 것은 아닐까? 다시 말해, 칭찬=자존심 상하는 일이라고 생각하는 사람이 많은 것이 아닐까?

그러나 명심하자. 이것은 자존심이 아닌 자존감의 문제다. 칭찬을 못 하는 사람은 자존심만 있고 자존감이 없는 사람이다. 다른 사람의 좋은 점을 인정하는 것이야말로 진정 마음이 여유로운 자존감 넘치는 행동이다. 그리고 자존감이라는 것은 우리 모두에게 내재되어 있다. 우리의 어린 시절을 떠올려보면 우린 결코 칭찬에 인색한 모습이 아니었다. "부럽다"는 말도 곧잘 하는 마냥 순수한 아이였다.

얼마 전 엘리베이터를 탔다가 기분 좋은 일을 겪었다. 오랜만에 하는 외출이라 살짝 꾸몄는데 엘리베이터를 타는 순간 네다섯 살 쯤 되어보이는 꼬마가 나를 빤히 쳐다보더니 한마디를 뱉었다.

"우와, 되게 예쁘다!"

순간 부끄러우면서 민망하기도 했는데, 정작 꼬마는 엄마를 쳐다보며 다시 말을 이어갔다.

"엄마보다 더 예뻐!"

그 말을 듣고 아이 어머니와 나는 눈을 마주치며 풋 하고 웃고 말았다. 꼬마가 그런 말을 한 이유는 내가 정말 자기 엄마보다 더 예뻐서가 아니다. 대개 육아를 하는 엄마는 꾸밀 기회가 거의 없다. 그래서 꼬마는 화장을 하고 정장을 차려 입은 어른 여성을 볼 기회가 많지 않았을 것이다. 그러던 차에 예쁘게 차려입은 내 모습을 보았으니, 겉모습 보이는 그대로 '예쁘다'고 말했을 가능성이 높다.

그렇긴 해도 누군가에게 선뜻 예쁘다는 기분 좋은 말을 내뱉는 꼬마의 용기가 참 귀여웠다. 나 자신도 굉장히 오랜만에 들은 외모 칭찬이라 어깨에 힘이 들어가기도 했다. 무엇보다 그렇게 서슴없이 누군가를 칭찬하는 꼬마가 한편으로는 부러웠다. 나는 언제부터 순수한 마음을 잃고 칭찬에 인색해졌는지를 떠올릴 수 있었고, 이제부터라도 꼬마의 순수한 마음으로 상대방을 바라보기로 결심했다. 더불어 상대방이 보여주는 호의에 대해 의심하고 불안해하기보다는 감사한 마음으로 응대하고자 마음먹었다.

상대방의 장점만 본다면 내가 꼬마를 통해 순수한 마음으로 칭찬하는 방법을 배웠던 것처럼 누구를 만나도 배울 점이 있다. 특히, 일상에서 다른 사람의 장점을 깨달았다면 그 장점을 자신의 것으로 만드는 것도 아주 좋은 방법이다. 우리는 상대적으로 사람들의 장점보다 단점을 더 찾아내려고 안달한다. 그리고 그 단점을 상대방의 약점으로 만들어 놀리기도 한다. 하지만 이 상황을 반대로 실천한다면 나 자신은 더욱 좋은 사람이 될 수 있다. 주변 사람들의 장점을 칭찬해주면서 스스로 그 장점을 배우면 그것이 일상에서 실천할 수 있는 가장 좋은 자기 계발 방법이 된다.

거창하게 생각하지 말자. "오늘은 어제보다 더 예쁘다", "너 아니었으면 이번 일은 해내지 못했을 거야", "시계 정말 예쁘다. 센스 좋은데?" 등 편하게 할 수 있는 칭찬부터 시작하자. 그리고 칭찬하는 것이 더 이상 어렵게 느껴지지 않는다면 구체적으로 해보자. 구체적인 칭찬에는 진심이 자연스럽게 묻어나기 때문이다. 내 주변 사람, 내가 사랑하는 사람과 함께하면서 장점을 바라보고 진심을 담은 말로써 칭찬하다 보면 분명 칭찬을 잘 주고받는 사람으로 거듭날 수 있다.

진정한 설득 방법,
그것이 알고 싶다!

내가 먼저 이해해야 상대도 받아들일 수 있다

발표를 전문으로 하는 직업이면 그만큼 누군가를 설득하는 자리에 많이 노출될 수밖에 없다. 나는 경쟁 입찰 프레젠테이션 자리에서는 심사위원을 설득했고, 강의실에서는 스피치의 좋은 효과를 들려주며 학생들을 설득했으며, 일반 강연장에서는 청중이 동기 부여가 되도록 그들을 끊임없이 설득해왔다.

사실 설득은 발표하는 직업을 가지고 있지 않더라도 일상생활에서 더 자주 필요하다. 예를 들어 나와 가치관이 상충하는 부모님을 설득할 때, 직장 상사에게 보고를 할 때, 하다못해 점심에 무엇을 먹을지에 대해서도 우리는 설득의 기술을 사용한다. 그리고 이때 가장 중요한 것은 누군가를 설득할 만한 나의 논리를 내가 먼저 충분히 이해하고 있는지를 살펴보는 것이다.

내가 무슨 말을 하고 있는지 이해하지 못하면 상대방은 내 말에 의아심을 품게 된다. 내가 하는 말이 무엇인지 알고 이야기하는 것은 그만큼 기본적으로 지켜야 할 설득의 덕목이다.

프레젠테이션 리허설을 하면서 역시나 중요하다고 생각되는 팁 또한 '기본에 충실하자'다. 내가 이야기하고 싶은 기본이라는 것은 적어도 프레젠테이션의 발표자는 자신이 무슨 이야기를 하는지 충분히 이해하고 말을 해야 한다는 것이다. 단어 하나하나에 담긴 의미와 함께 이 문장을 말하는 이유를 내가 먼저 이해하고 그에 어울리는 마음을 담아야 한다. 그래야 심사위원들에게 내가 말하고자 하는 바를 그대로 전달할 수 있다.

하지만 나조차도 발표를 하다 보면 내가 지금 무슨 이야기를 하는지 제대로 이해하지 못한 채 틀리지 않는 것에만 집중하면서 예쁜 로봇처럼 말하는 경우가 생긴다. 그렇게 진행된 발표는 결국 심사위원들의 귀에 꽂히지 못한 채 허공을 메아리치다가 사라지는 경우가 대부분이다.

예를 들어 실제 내가 했던 경쟁 입찰 프레젠테이션에서 원활한 운영을 위해 '인력을 열 명 투입하겠다'라는 아주 일반적인 이야기조차도, '이 인력이야말로 우리가 고심한 끝에 최대한 효율을 낼 수 있는 운영 인력임을 자부한다'라는 마음을 담아 전달해야 한다. 그리고 발표 전에 내가 이해하지 못할 내용이면 그 내용을 기획 단계로 가서 다시 수정하거나, 새로 공부하는 한이 있더라도 스스로에게 납득시켜야 한다.

내가 이해하지 못하면 청중도 절대 이해하지 못한다. 그렇다면 결국 설득도 불가능하다. 말하는 단어, 글자 하나하나에 마음을 담지 않으면 프리젠터라는 직함이 어울리지 않는 사람이 되는 것이다. 보통 일반적인 프리젠터는 발표 대행만 하는 경우도 있다. 물론 발표 대행만 해도 수주를 못하는 것은 아니지만, 적어도 내가 그 순간만큼 회사의 대표로서 이야기해야 한다면 기획 회의부터 시나리오 작업까지 모든 단계에 프리젠터가 참여해야 한다. 이는 너무나 당연한 이치다. 프리젠터가 사업을 이해해야 그 사업을 심사위원들에게 잘 전달할 수 있고, 사업에 대한 나의 아이디어를 팀원들과 함께 버무려야 나 또한 발표하는 회사의 임직원 마인드를 갖출 수 있다.

IT 기업으로 유명한 D사에 경쟁 입찰 프레젠테이션을 간 적이 있다. 경쟁 입찰 프레젠테이션을 하기 전에는 대개 여러 다른 경쟁 기업들과 현장 설명회 시간을 마련해 고객사가 원하는 바를 알아본다. 마찬가지로 D사와의 현장 설명회를 마치고 복귀한 우리 팀원들은 바로 경쟁 입찰 프레젠테이션 기획 아이디어 회의에 들어갔다. 오프닝부터 본문에 거쳐 클로징까지 어떻게 이야기를 풀어갈 것인지 그리고 D사와 어울리는 우리만의 차별화 전략은 무엇인지에 대해 누구보다 치열하게 고민하고 기획했다.

우리는 먼저, 우리가 제시하고 싶은 조건보다 'D사가 원하는 것은 무엇일까'라는 역발상으로 다가갔다. 그 결과 '수주'라는 쾌거를 이루었다. 그것도 멋진 점수 차로 다른 경쟁사들을 따돌렸기에 그 기쁨은 더욱 컸다.

경쟁 입찰 프레젠테이션의 목표는 '수주'다. 발표만 예쁘게 잘해서 될 일이 아니다. 프레젠테이션 발표는 내가 가장 잘 알고 있어야 하고, 질의응답도 내가 현장에서 직접 응해야 한다는 자세로 일해야 좋은 결과가 나올 수 있다. 그리고 그 뒤에 오는 보람은 오롯이 자신의 몫으로 돌아온다. 직함에 대한 프라이드는 겉치장이 아닌 책임감에서 온다는 사실을 강조 또 강조하고 싶다.

기본을 지키는 것은 중요하다

나는 처음부터 기본을 지키는 사람은 아니었다. 예쁘고 가다듬어진 발표만 해오던 나에게 기본을 지켜야 한다는 생각의 전환점은 아주 우연한 기회에 찾아왔다. 누군가의 발표를 평가하는 심사위원으로 참석할 기회가 생긴 것이다.

그 당시 한 발표자는 주제에 대해 잘 가다듬어진 내용을 전달했고, 태도와 목소리도 전문적인 느낌이 나도록 깔끔하게 발표했다. 군더더기는 없었다. 하지만 이상하게도, 가장 중요하다고 볼 수 있는 '주제에 대한 열정'이 느껴지지 않았다. 뒤이어 다른 발표자가 나왔다. 그 발표자는 느낌이 조금 달랐다. 아마추어 분위기가 풍겼다. 표정에는 긴장한 기색이 가득했고, 가끔가다 버벅대기도 했다. 그러나 자신이 알고 있는 모든 것을 쏟아내고 있었다. 주제에 대한 애정도 가득한 모습이었다.

나는 신기하게도, 두 번째 발표자에게 애정이 갔고 더 높은 점수를 주게 되었다. 발표자의 역할에서 발표자를 평가하는 역할을 맡으면서, 이날 나는 경쟁 입찰 프레젠테이션을 할 때 심사위원의 시선이 어떤지 스스로 돌아볼 수 있는 기회를 얻었다. 그때 내가 얻은 교훈은 다음과 같다.

> '매끈하게 잘하는 발표는 좋다. 그러나 자신의 발표에 애정을 담았을 때 설득의 영향력은 비교할 수 없을 만큼 커진다.'

1. 준비나 노력의 결과는 발표 때 드러난다.
2. 뭐든 자신감 있는 모습이 좋다.
3. 잘 다듬어진 발표보다는 조금 더듬어도 호소력 있는 발표가 마음에 와 닿는다.

내가 생각하는 발표의 기본은 이 세 가지다. 자신이 하는 발표를 이해하고, 자신이 하는 발표에 애정을 가져야 한다는 발표의 기본은 위의 세 가지에 다 담겨 있다. 이렇게 가장 기본적인 것에 가장 신경 써야 한다는 사실만 지킨다면 누구나 발표를 잘하는 사람으로 거듭날 수 있다. 발표는 기계가 하는 것이 아니라 사람과 사람 간에 마음을 나누는 것임을 잊지 말아야 한다.

제품에 대한 애정은 대표가 제일 크게 느껴야 한다

'발표에는 애정을 담아야 한다'라는 말이 꼭 적용되는 상황이 있다. 바로 스타트업에 뛰어든 대표님들의 투자 유치 발표 자리다. 아이디어를 제품화하는 것이 쉬워진 만큼 스타트업에 뛰어드는 사람들도 많아지고 있다. 그래서인지 나 또한 스타트업 피칭 컨설팅을 하면서 많은 대표님들을 만났다. 보통 컨설팅을 진행하면 완성된 피칭에 대한 리허설을 본 다음, 기획과 스토리텔링, 멘트 수정과 발표 연출을 돕는다. 하지만 여기서 가장 중요한 것은 내가 하는 컨설팅이 아니다. 자신의 제품과 아이디어에 대한 대표님들의 애정이다. 그 애정은 내가 도와줄 수 없는 부분이다.

실제 대표님들을 만나보면 자신이 상상해오던 제품을 세상에 탄생하게 만들었기 때문에 모두 제품에 대한 애정이 상당하다. 하지만 이상하게 발표만 들어가면 그 애정이 반감된다. 발표에 대한 불안감과 긴장감이 그렇게 만드는 것인지 몰라도, 애정이 반감되면서 호소력도 없어진다. 일반적인 발표에서도 호소력은 매우 중요하지만, 자신의 아이디어를 세상에 탄생하게 만든 주인공이 하는 발표라면 호소력의 크기와 진정성이 남달라야 한다. 훨씬 묵직하고 진솔하며 깊은 울림이 느껴져야 하는 것이다. 예쁘게 말하지 않아도 좋다. 청산유수로 쏟아내지 않아도 좋다. 진심어린 눈빛과 표정 그리고 짙은 호소력으로 제품에 대한 애정과 마음을 전달하자. 그러면 그 진정성은 무조건 청중에게 전달된다.

프리젠터의 일기 #13

5월 27일

내가 이해해야 비로소 심사위원
에게 잘 전달할 수 있다

200건 가까이 경쟁 입찰 프레젠테이션 발표를 하다 보니 가끔 영혼 없는 발표를 할 때도 있다. 이럴 때는 나도 모르게 더욱 초심을 찾게 된다. 나는 대기업 정규직 전문 프리젠터를 그만두고 프리랜서 프리젠터로 일하면서 많은 기업으로부터 입사 제안을 받았다.

"발표만 해주면 됩니다."

"기획 회의나 손익, 현장 설명회, 디자인 등 다 신경 쓰지 마세요."

"대본까지 만들어드릴게요."

나로서는 너무나 혹하는 제안들이다. 하지만 결국 나는 지금도 모든 기획 회의와 아이디어 작업, 현장 설명회 혹은 디자인 업무까지 참여한다. 어떤 이들은 내가 일 욕심이 많아서라고 하지만, 사실 내가 맡은 일을 내가 먼저 이해하고 있지 않으면 프리젠터로서의 사명감은 없는 것과 마찬가지라고 나는 생각한다. 다들 알다시피, 프리젠터의 목표이자 의무는 '수주'이자 '당선'이다. 프리젠터는 앵무새처럼 예쁘게 말하는 사람이 아니다. 무대에서만큼은 내가 이해한 제안 내용을 나 자신이 대표가 되어 호소력 있고 근거 있게 풀어낼 줄 아는 사람이 되어야 한다. 심사위원들의 질의응답까지도 모두 답할 수 있을 때 그때서야 프리젠터로서 사명을 다하는 것이다. 그리고 그것이 바로 기업들이 프리젠터를 채용하는 이유라고 생각한다.

어떤 프리젠터는 주어진 대본을 완벽하게 외워 현장에서 발표한다고 한다. 심지어 토씨 하나 틀리는 법이 없기 때문에 슬라이드를 넘겨주는 사람이 따로 있다는 놀라운 이야기도 들었다. 그런데 더욱 놀라운 일은, 그렇게 일하는 프리젠터가 몇 년 동안 단 한 건도 수주를 하지 못했다는 사실이다. 심사위원은 우리와 같은 감정을 가진 사람이다. 따라서 발표자가 얼마나 자기 일처럼 말하는지, 모든 사업을 이해하고 설득하고 있는지 당연히 느낄 수밖에 없다. 무엇보다 프레젠테이션 그리고 경쟁 입찰 프레젠테이션은 '설득 스피치'인 만큼 기본적으로 설득에 공을 들여야 한다. 나 또한 내 몸 편하자고 기본을 잃는 일은 없어야겠다고 다시 한 번 다짐한다. 이건 나 자신에게 늘 강조하는 부분이다.

기본을 잃으면 내가 프리젠터인 이유도 없어진다.

오늘의 교훈

기본은 아무리 강조해도 지나치지 않다

가끔 생각대로 발표가 풀리지 않을 때, 내가 초심을 잘 지키고 있는지 돌이켜보자. 초심은 즉 기본이다. 기본이 없으면 공든 탑도 쉽게 무너진다. 발표도 마찬가지다. 발표의 기본은 내가 내 발표에 애정을 가지고 임하는 것이다. 그것만 지켜도 중간은 간다. 하지만 기본을 지키지 않으면 발표하는 자체가 무색해진다.

목표는 "아나운서 같아요"라는 말을 듣지 않는 것

가장 듣고 싶으면서도 듣고 싶지 않은 말

"프로다운 모습에 감명받았어요."

이 말은 내가 듣고 싶으면서, 또 듣고 싶지 않은 말이다. 언뜻 들으면 칭찬 같지만 프로라는 단어가 주는 어감이 꼭 긍정적인 것이라고는 생각하지 않는다. 프로란 무엇인가? 물 흐르듯이 하는 발표를 하면 프로라는 수식어가 어울리는 것일까? 과연 '프로답게'라는 것은 다른 사람에게 프로처럼 보이는 것인가, 진정성을 갖추는 것인가라는 생각이 들기 시작하면서부터 프로라는 단어가 가지는 색안경이 나를 힘들게 했다. 처음에는 나도 프로처럼 '보이고자' 하는 마음이 컸다. 경쟁 입찰 프레젠테이션에 임하면서 예쁘고 정돈된 느낌으로 흐트러짐 없이 발표하려고 했고, 준비된 대본 내용을 그대로 전달하기 위해 심사위원의 표정을 제대로 살피지 않았다. 내 머릿속에는 '프로처럼 보이기 위해서는 안 틀리고 끝까지 잘해야지'라는 생각뿐이었다. 그리고 무엇보다 일주일에 두세 건씩 진행되는 프레젠테이션 일정에, 나도 사람인지라 '내가 발표하기 편하면 됐지'라는 생각도 어느 정도는 했다. 그러다 보니 발표 현장에서는 소위 멋있어 보이기 위한 음성 연출이나 발표 기법에 힘을 쓸 때도 있었다. 그리고 그런 발표가 끝나면 꼭 "아나운서 출신인가요? 발표 잘하시네요"라는 말을 듣곤 했다.

이런 식으로 발표를 마쳤던 어느 경쟁 입찰 프레젠테이션에서 있었던 일이다. 질의 시간이 시작되고 한 심사위원에게서 "직원이세요? 너무 프로 같아요"라는 말을 들었지만 결과는 수주 실패로 돌아갔다. 프로답다는 심사위원의 말은 칭찬이 아니었다. 적어도 그 현장에서 제안 내용에 집중하게끔 만들어야 했는데 심사위원들은 단순히 잘 읽었다는 느낌만 받았던 것이다.

그 후, 경쟁 입찰 프레젠테이션과 방송은 다르다는 것을 절실히 깨닫고 발표 자리에서 예쁘고 정돈된 아나운서적인 모습을 과감히 버렸다. 경쟁 입찰 프레젠테이션에서 발표자는 예쁠 필요가 없었을 뿐더러 심사위원들의 표정을 읽고 그들이 원하는 내용을 순간마다 캐치해서 강조해야 하기 때문이다. 더불어 우리가 강점으로 가지고 있는 부분을 질의응답으로 이끌어내야 한다. 나는 이런 깨달음을 통해 차츰 수주율을 높이면서 프레젠테이션 때마다

"아나운서 같아요!"라는 말을 듣는 것을 줄여나갈 수 있었다. 나는 이런 내 모습이 좋았다.

그런데 문득 몇 년이 지난 지금, 프로란 모습은 여러 가지 모습으로 발현될 수 있다는 생각이 들었다. 소통이라는 기반만 같다면 예쁘고 정돈된 모습으로 발표하더라도, 그 발표에 진심을 담은 호소력으로 듣는 사람의 마음을 울릴 수 있는 것 아닌가. 문득, 아나운서같이 발표하는 것을 버리려고 노력한 내 모습이 바보같이 느껴졌다. 또 실제로 나의 발표를 듣는 내부 직원 혹은 심사위원 중에는 아나운서 같은 정돈된 모습과 말 속에 감정이 절제된 느낌을 선호하는 사람도 있었다. 항상 '세상에 정답은 없다'고 말하면서도 난 나만의 매너리즘에 빠져 있었던 것이다. 난 그렇게 프로는 어떻게 보여야 한다는 생각의 굴레에서 벗어날 수 있었다. 아나운서처럼 보이지 않으려는 것도 결국 내가 만들어낸 고정관념이었다. 나는 고정관념을 버린 뒤부터 마음의 부담이 덜해졌고, 결국 더 향상된 실력으로 발표를 하게 되었다.

고정관념을 버리면 발전한다

나는 발표하는 자리에서 고정관념을 버리고 프리젠터로서 한 걸음 더 나아갈 수 있었다. 그리고 세상에는 고정관념을 버리고 성공한 사례들이 무수히 많다. 그중에는 우리 모두가 알 만한 유명한 사람이 있다. 바로 토머스 에디슨(Thomas Edison)이다. 에디슨은 미국의 발명가로 특허수가 1천 종을 넘을 정도로 많은 발명을 했다. 에디슨의 수많은 발명 중에서 가장 으뜸가는 것은 백열전구일 것이다. 그런데 사실 에디슨이 백열전구를 만든 1879년 이전에 이미 백열전구를 발명한 사람만 공식적으로 20명이 넘었다. 그런데 우리는 백열전구를 발명한 사람으로 항상 에디슨을 떠올린다. 그 이유는 에디슨이 백열전구 발명에만 그치지 않고 백열전구를 활용할 수 있는 배전 시스템까지 만들었기 때문이다. 백열전구만 만들고 '이미 난 전구라는 것을 모두 개발했어'라며 발명을 그쳤다면 에디슨 또한 백열전구를 발명한 20명의 발명가들 중 한 사람으로만 기억되었을 것이다.

현대 마케팅에서도 고정관념을 버리면서 폭발적인 반응을 얻고 있는 제품이 있다. 바로 주방의 필수품인 고무장갑이다. 하지만 우리가 알고 있는 빨간색의 고무장갑이 아니다. 세련된 그레이 색상과 톤다운 된 레드 색상의 고무장갑이다. '고무장갑은 빨갛다'라는 고정관념을 깬 이 제품은 출시한 지 몇 개월 만에 누적 판매 10만 개를 돌파했다. 옛날에는 가정에서 직접 김치를 담가 먹었기 때문에 고춧가루에 물들어도 티가 나지 않는 빨간색 고무장갑이 실용적이었다. 하지만 직접 김치를 담가먹는 가정이 급격히 줄어들면서 더 이상 빨간색 고무장갑이 필요 없어졌다. 따라서 어디에 두어도 튀지 않고 자연스럽게 어우러질 수 있는 모던한 그레이

색상과 은은한 레드 색상으로 고무장갑이 새롭게 탄생했다. 이 제품의 탄생 배경에는 한국인의 생활 패턴을 꾸준하게 조사해온 직원들의 역할이 컸다. 문화가 바뀜에 따라 제품도 변화해야 한다는 것은 직원들의 아이디어에서 나왔다.

진정한 프로는 혼자 힘으로 되지 않는다

혁신적인 제품은 혼자 탄생하지 않는다. 따라서 내가 잘해서가 아닌 우리 모두가 잘해서 좋은 결과가 있을 수 있다는 것을 인정하는 것이 진정한 프로의 모습이다.

경쟁 입찰 프레젠테이션 같은 경우에도 무대 뒤에 그것이 성공하도록 돕는 수많은 사람들이 존재한다. 초안을 기획하고, 시나리오 작업을 하고, 예상 질의까지 준비하면서 하나의 작품을 탄생시킨다는 생각으로 모두가 함께하는 작업인 것이다. 그렇게 보면 발표는 하나의 예술에 가깝다.

팀원들과 함께 어우러지는 발표를 하면서 내가 가지게 된 지향점이 바로 'PT도 예술이다'라는 것이다. 프레젠테이션을 예술이라고 생각하고 하나의 작품을 성심성의껏 빚어낸다는 생각을 팀원 모두가 가지고 있으면 분명 긍정적인 결과를 이뤄낼 수 있다. 지향점을 가지고 있는 한 인간은 끊임없이 방황한다. 어떻게 보면 나 또한 지향점을 가지고 있기 때문에 끊임없이 어떤 자세로 발표해야 하는지 고민해왔고, 또 앞으로도 고민하게 될 것이다. 하지만 한 가지는 잃지 않으려고 한다. 프레젠테이션에서 중요한 것은 기술적인 요소보다 '마음을 움직이는 힘'을 깨닫는 것. 우리 모두가 함께 노력했기에 결과가 더 값지게 다가온다는 것. 아주 한 끗 차이지만 그 한 끗 차이가 진정으로 무엇인지 아는 것! 이것이 프로의 정신이다.

전원은 꺼져도 발표자의 기지는 꺼지지 말아야 한다

내공이 중요하다

모두들 '불금'을 즐기던 어느 저녁, 나는 갑작스런 경쟁 입찰 프레젠테이션 발표 요청으로 새로운 업체와 만나고 있었다. 워낙 일을 좋아하고 맡겨오는 모든 일이 마냥 반가운 나였지만 이번에는 업체 측의 진행 상황을 듣고 걱정이 앞섰다. 발표가 주말을 보낸 직후인 월요일 아침 9시였고, 프레젠테이션 발표용 파일은 아직 준비 중이라 제안서만 달랑 내 손에 들어왔기 때문이다.

예전 식품업계 일을 맡아 할 때에도 새벽부터 프레젠테이션 일정을 받아 당일에 소화한 적은 많았다. 새벽 4시에 프레젠테이션 발표 파일이 들어오면 아침 해가 뜨기 전 세 시간 동안 스토리

기획 및 오프닝, 클로징 작업을 하고 10시에 발표장을 가던 일도 허다했다. 하지만 그때는 식품 업계와 오랫동안 함께 호흡을 맞추어왔기에 당일 일정에도 별 무리가 없었지만, 이번에는 새로운 업계와의 미팅이라서 업무 부담이 있었다. 생전 처음 들어보는 그 업체만의 전문 용어를 빨리 익혀야 한다는 것이 가장 마음에 걸렸다. 게다가 주말 동안 스토리를 짜고 스크립트를 작성한 후 송부하는 작업을 거쳐 오류 수정 및 시간 관리를 해야 하는데, 주말에는 미리 예정된 중요한 1박 2일 모임이 있었다.

이런 악조건임을 말씀드렸지만 업체는 나를 믿는다며 굳게 내 손을 잡을 뿐이었다. 이런 맹목적인 믿음 앞에서는 없던 힘도 발휘되면서 프로다운 모습으로 보답하고 싶어진다. 다행히 워낙 많이 해왔던 일이고 틈틈이 시간 관리를 한 덕에 녹음 파일까지 송부하는 등 일처리는 완벽하게 끝마쳤다.

이제 잘할 일만 남았다고 자만했기 때문일까? 당황스럽게도 발표 당일 문제가 벌어졌다. 10분의 프레젠테이션에 맞춰 촘촘하게 짜인 무대 연출대로 차근차근 진행하던 중 갑자기 빔 프로젝트의 전원이 꺼진 것이다. 누구의 잘못도 아니었다. 나는 무선 프리젠터 조작에 실수가 없었고, 현장의 컴퓨터 문제도 아니었다. 그 순간에는 누가 잘못했는지를 따질 여유도 없었다. 빔 프로젝트의 난데없는 재부팅으로 까만 화면이 이어지는 동안 심사위원과 나 사이에는 잠깐의 정적이 흘렀다. 200건이 넘는 경쟁 입찰 프레젠테이션을 했지만 빔 프로젝트 전원이 꺼지는 일은 처음이었다. 하지만 경험이 자산이라고 하지 않았던가! 나는 현장 관리 담당자만큼 속으로는 누구보다 당황했지만 재빨리 포커페이스를 유지했다. 그리고 담당자가 나와 빔 프로젝트를 만지는 동안 심사위원이 보고 있던 페이지를 살펴보고는 그대로 발표를 진행했다. 그 페이지는 우리가 강조하고 싶던 내용이었고 그렇기에 프레젠테이션을 준비하면서 완벽하게 이해해둔 것이 천만다행이었다.

만약 100퍼센트 슬라이드에만 의존해 발표하던 중이었다면 이런 돌발 상황에서 발표자가 할 수 있는 일이란 아무것도 없었을 것이다. 머릿속은 당황해서 하얗게 비어버리고 임기응변으로 대응할 수도 없어 그저 시간만 흘려보낼 도리밖에는.

이 일을 계기로 나는 화면에 보이는 글자를 읽는 방식의 발표는 옳지 않다는 것을 다시 한 번 실감할 수 있었다. 내용을 숙지하고 이해하는 방식으로 준비를 마친 덕분에 나는 막힘없이 다음 내용을 전달할 수 있었고, 혹시 모를 상황에 대비해 준비해둔 여분의 제안서 덕분에 시간의 공백 없이 발표를 이어갈 수 있었다.

커다란 스크린 화면으로 슬라이드가 넘어갈 때는 심사위원들이 함께 출력된 제안서 페이지를 넘기며 체크를 하기에 흐름에 맞추어 진행하는 게 원활했지만, 종이로 된 제안서로 대체하니 함께 호흡을 맞출 수가 없었다. 그래서 내가 직접 제안서를 한 장씩 넘기는 모습을 심사위원들에게 보여주는 식으로 발표 연출을 바꾸었다. 페이지가 넘어갈 때마다 "자, 다음 장을 보시면……" 하는 멘트로 심사위원들이 모두 제안서에 집중하도록 유도했다.

이 기지는 갑자기 발휘된 것이 아니었다. 슬라이드 없이 발표를 진행했던 여러 고등학교 입찰 프레젠테이션 현장에서 얻은 귀중한 경험에서 비롯된 것이고, 그간 차곡차곡 쌓였던 숙련된 경험 덕분에 모두들 당황한 순간에도 발표자인 나만큼은 당황하지 않을 수 있었던 것이다. 슬라이드가 다시 켜지기까지 3분 정도가 걸렸지만 그 시간 동안 내가 흘린 식은땀은 한 바가지쯤은 됐을 것이다. 하지만 그런 긴장감을 들키지 않고 잘 마무리한 끝에 박수를 받으며 프레젠테이션을 끝냈고, 그때서야 긴장이 풀리며 얼굴에 장난기 어린 미소가 돌았다. 역시 발표는 경험으로 실력이 키워지고, 이 경험은 결국 내공이 된다는 사실을 실감할 수 있었다.

경험에 노력을 보태야 진정한 내공이 된다

강의나 행사를 진행하다 보면 감사하게도 꾸준히 재섭외가 이루어지는 경우가 많다.

"꼭 최현정 선생님이어야만 합니다."

이렇게 말씀해주시는 분들 덕분에, 나는 이 일에서 보람과 힘을 얻는다. 이런 인연으로 매년 같은 강의나 행사를 찾는 일이 잦은데, 해마다 해당 강의나 행사의 성격이 똑같다고 해서 변하지 않는 내용으로 진행하는 실수를 해서는 안 된다. 꾸준히 공부하고 연구해서 업그레이드된 내용으로 보강해 가야 한다.

경상도의 한 대학교에서 5회 연속 똑같은 주제로 강의했을 때의 일이다. 첫 강의를 한 이후, 학교 담당자는 특강 강사 중 내 강의의 만족도가 가장 높았다면서 향후에는 1주가 아닌 2주 연속으로 특강 시간을 늘려 함께하자고 연락해왔다. 고마운 마음에 수락하고 특강을 이어가기로 했지만, 갈 때마다 강의안은 매번 달랐다. 가끔은 책에서 인사이트를 얻어 학생들이 쉽게 이해할 수 있도록 내용을 풀어 강의를 준비했고, 이전 강의 때 이해도가 낮다고 생각한 강의는 실습을 준비해 갔다. 또 강의 내용 중에서 학생들이 유난히 눈을 반짝이며 관심을 보인 부분이 있으면 실제 사례를 많이 찾아 내용이 더 깊숙이 각인되도록 유도하기도 했다. 내게는 과거를 답습하지 않은 것이 현재까지 좋은 강의를 진행할 수 있게 하는 원동력이 된 셈이다.

행사도 마찬가지다. 매년 같은 행사를 진행하다 보면 같은 시나리오를 받게 된다. 여기서 시나리오대로만 진행하면 발전은 있을 수 없다. 현장 분위기를 읽고, 즉각적으로 그 분위기에 어울리는 멘트를 첨가해서 그 행사는 나밖에 소화할 수 없는 '유일한 MC'가 되어야 한다. 나 역시 처음 행사를 진행했을 때는 애드리브 전혀 없는 딱딱한 문어체에, 식순에 대한 소개만 반복하는 시나리오를 받았다. 경험이 부족했기에 몇 번이나 상상 리허설을 하며 시나리오상에 있는 공연팀에 대해 공부하고, 그들이 사용하는 악기에 대해 연구했다. 그리고 상상 속의 청중들에게 무슨 말을 하면 좋을지 고민해서 몇 가지의 멘트도 미리 준비해놓았다. 더불어 행사 당일 아침에는 날씨를 체크하며 오프닝 멘트까지 수정했다. 그리고 공연팀 간 무대 준비가 길어지면 청중이 지루해할까 봐 행사 성격에 맞는 간단한 레크레이션을 준비했고, 동영상을 보면서 자연스럽게 앙코르를 유도하는 케이스 스터디도 했다. 그 결과 나는 매년 행사 때마다 내가 받았던 시나리오를 개선시켰고 주최 측 또한 내가 수정한 시나리오가 너무 자연스럽고 좋다며 행사 후에 나의 시나리오를 받아갔다. 그리고 현재도 내가 맡은 행사의 시나리오는 내가 했던 방식 그대로 매년 업그레이드되고 있다.

내공은 경험으로 생긴다. 하지만 경험만 했다고 해서 진정한 내공이 쌓이지는 않는다. 100번의 경험을 하는 것보다 한 번의 경험을 한 후, 내가 부족했던 부분을 개선하려는 의지에서 내공이 쌓인다. 즉, 철저한 준비와 노력, 해내고자 하는 의지 등이 모였을 때야말로 나의 실력이 향상되는 것이다. 경험을 할 수 있는 기회를 잡았다면 누구보다 열정적으로 달려들자. 소중한 경험을 헛되이 만들지 말자. 내공은 공짜로 생기지 않는다. 경험을 통해 생긴다. 다만 스쳐가는 경험이 아닌 매 순간 최선의 노력을 다했을 때 그 내공은 진짜가 된다.

프리젠터의 일기 #14

3월 20일

많은 사람들이 프레젠테이션에
대해 오해하고 있다

오늘은 다른 기업의 요청을 받고 경쟁 입찰 프레젠테이션에 대한 전반적인 컨설팅을 하러 갔다.

이런 컨설팅 때마다 나는 곧바로 컨설팅 설명에 들어가지 않는다. 자리에 앉은 다음 그들의 발표를 먼저 듣는다. 그리고 '프레젠테이션의 오해'를 풀기 위해 노력한다. 사람들은 프레젠테이션이라고 하면 마냥 '잘된 발표'를 생각한다. 잘된 발표에 대해서는 여러 가지 견해가 존재하는데, 그 견해 차이 때문에 말도 안 되는 오해가 생기기도 한다.

일례로 청중의 입장을 생각하는 발표보다는 발표자가 돋보이고 발표 내용이 전문적으로 보이는 발표만을 원하는 경우가 있다. 주제에 대한 전문성, 진지함을 표현하고 싶어서 충분히 그런 생각을 할 수도 있다고 보지만, 이런 발표는 모두가 같은 주제에 대해 전문성을 가지고 있는 집단 내 발표, 즉 학회 발표 등에나 어울린다.

스티브 잡스가 그 어려운 IT 기기들을 설명할 때 전문적인 용어로 프레젠테이션을 하는 것을 본 적 있는가? 아무리 그 분야의 최고일지라도 발표장의 언어는 반드시 '청중의 언어'를 사용한다. 그리고 말 자체, 단어 자체를 멋들어지고 예쁘게 전달하는 것이 아니라 어떻게 하면 청중에게 잘 들릴지를 고민해서 가장 좋은 구어체로 전달하도록 애쓴다. 그런데 사람들은 프레젠테이션에 대해 많은 오해를 하고 있다. 사람들이 하는 오해는 대개 다음 세

가지로 정리된다.

1. 프레젠테이션은 말하는 것임에도 구어체보다는 문어체를 선호한다.
2. 깔끔하게 정리된 말만 하기 원한다.
3. 사뭇 진지하고 정직한 느낌으로 말해야 한다는 편견이 있다.

위의 세 가지를 통해 나만 듣는, 나만 생각하는 예쁘기만 한 발표가 완성되는 것이다. 프레젠테이션은 기본적으로 '설득'이다. 혹자는 '설득의 스피치'라고도 표현한다. 프레젠테이션과 스피치의 차이점이 하나 있다. 그것은 바로 '설득'을 하느냐 마느냐의 차이다. 스피치가 단순히 나의 이야기를 청중에게 전달하는 것이라면 프레젠테이션은 설득 자체에 목적을 둔 말이다. 경쟁 입찰 프레젠테이션, 보고 프레젠테이션, 면접 프레젠테이션 그리고 대학교에서 하는 과제 프레젠테이션까지 설득이 그 기초가 된다.

청중을 내 이야기에 공감시키고 설득하기 위해서는 청중의 언어로 말하는 것이 중요하다. 잘 정돈된 말도 물론 매우 좋다. 그러나 때에 따라서는 재밌는 사례나 구체적인 일화 등 내용을 풀어서 설명하는 것이 청중을 집중시키고 이해시키는 데 훨씬 효과적이다.

만약 당신이 현재 프레젠테이션을 앞두고 있다면 이야기를 가장 맛있게 전달할 수 있는 방법을 간과하고 있지 않은지 살펴봤으면 좋겠다. 청중은 마냥 멋져 보이는 발표가 아니라 하나의 잘 짜인 멋진 발표를 원한다!

오늘의 교훈

청중의 언어로 이야기하자

청중은 굳이 내 발표를 들으려고 하지 않는다. 들려야 듣는다. 들리는 발표를 하기 위해서는 쉽게 이야기하고 문장도 짧게 가져가야 한다. 여기에 스토리텔링까지 적용하면 뒷이야기가 궁금해지는 듣고 싶은 발표가 완성된다.

상상하라,
지금 무대에 선 것처럼

발표 전날의 유혹, 연습할까? 그냥 잘까?

발표를 앞둔 날은 어마어마한 유혹에 시달린다.

'한 번만 더 연습해보고 잘까?'

'아니야. 지금은 너무 졸려. 오늘은 이걸로 됐어.'

마치 천사와 악마의 속삭임이 들리는 것처럼 가끔은 잠자리에 누웠다 일어나기를 반복하기도 한다. 수없이 많은 무대에 섰지만 지금까지도 연습은 필수라고 생각한다. 그리고 결과론적으로 노력 없는 천재가 없듯이 프레젠테이션에서도 연습 없는 수주는 없었다. 프레젠테이션에서 가장 중요한 것은 연습이라고 해도 과언이 아니다.

하지만 연습은 정말 힘들다. 다른 사람들과 함께 모든 업무를 끝냈음에도 발표자는 발표 연습 때문에 업무의 연장을 겪는다. 한 번 연습을 시작하면 같은 내용을 뫼비우스의 띠처럼 도대체 몇 번이나 반복해야 하는지 알 수 없고, 연습할 때마다 수정 사항이 발생하기 때문에 연습에는 끝이 없다는 것 자체에 지치기도 한다. 세상 지겹고 재미도 없는 연습이지만 귀찮은 마음으로 연습을 등한시 하면 실전 때 꼭 '아, 어제 한 번만 더 보고 잘걸'이라는 후회가 찾아오는 것도 사실이다.

가장 바람직한 연습 방법은 실전과 동일하게 하는 것이다. 나는 발표 시간이 10분으로 정해져 있으면 스톱워치를 켜고 등장부터 인사까지 실전과 동일하게 진행한다. 가끔은 아무도 없는 공간에서 미소를 짓고 허공에 대고 인사를 하면서 제스처를 하는 내 모습에 나도 모르게 헛헛한 웃음이 나기도 한다. 하지만 이런 식으로 열 번 이상 실전과 동일한 리허설을 진행하면 점점 완벽한 발표에 가까워진다. 발표 천재로 보이는 스티브 잡스도 동선이나 걸음걸이 하나까지 몇백 번 연습한다고 했고, 우리가 텔레비전에서 보는 유명한 강연자들도 집 또는 무대에서 쉴 새 없이 연습한 후 녹화를 시작한다고 한다. 발표에 항상 노출되어 있는 사람들도 연습을 게을리 하면 안 된다는 것을 아는 것이다.

그런데 대학교에 강의를 나갈 때마다 "이번에 조별 발표를 했는데 완전 떨었어요"라고 말하는 학생들이 있다. 그럼 나는 그들에게 묻는다.

"발표 전 몇 번이나 실전처럼 연습해봤어요?"

나의 이 질문에 대부분의 학생들은 멋쩍게 웃으며 열에 아홉은 아예 연습을 못 했다고 대답한다. 보통 많은 사람들이 기획과 슬라이드 디자인에 발표 전 모든 시간을 할애한다. 그리고 발표 당일 새벽까지 디자인과 내용을 수정하면서 '연습은 안 했지만 내용을 다 아니까 잘될 거야'라고 최면을 걸면서 불안한 마음으로 잠자리에 든다. 하지만 연습을 하지 않으면 절대 상상 속에서처럼 멋지게 발표하는 모습이 나타날 수 없다. 그렇게 발표자들은 발표 당일 발표를 엉망진창으로 하면서 또 하나의 흑역사를 만든다. 그리고 집에 와서 머리를 쥐어뜯으며 평생 이불을 걷어찰 만한 기억이 생겼다고 후회한다. 대부분이 이런 순서를 거친다.

연습이 힘든 이유는 연습을 열심히 한다고 해서 알아주는 사람이 없기 때문이다. 게다가 한 시간짜리 발표에 연습을 실전처럼 세 번 하면 세 시간이라는 어마어마하게 긴 시간이 그대로 소비된다. 정말 지치는 일이다. 하지만 이 시간을 아깝다고 생각하면 안 된다. 연습을 해본 사람이라면 연습을 할 때마다 부족한 자신의 모습을 발견하게 된다. 그리고 아무리 많은 연습을 하더라도 결국 100퍼센트 완벽한 상태에 이르기보다는 완벽에 가까운 모습으로 변할 뿐이라는 사실을 안다. 세상에 완벽이란 없다는 말이 가장 잘 어울리는 단어가 '연습'이 아닐까? 따라서 발표를 잘하기 위해서는 기획과 슬라이드 디자인을 미리 완성하고 적어도 열 번 이상 연습할 수 있는 시간을 가져야 한다. 그것이 최선이다.

하지만 정말 리허설 시간이 없을 때가 있다. 나 같은 경우는 이런 일에 비일비재하게 노출될 때가 많았다. 언젠가 오후 늦게 한 건의 실전 발표를 끝내고 집으로 돌아왔다. 그런데 갑작스러운 본사의 요청으로 오후 10시에 새로운 프레젠테이션 발표 파일을 받고, 다음 날 새벽 5시에 부산에서 서울까지 이동해서 10시에 실전 발표를 했던 일도 있었다. 이럴 때는 나도 식은땀이 난다. '과연 잘할 수 있을까'라는 의문이 들지만 그 걱정하는 시간조차 아까워 연습에 매진한다. 다만, 장소 등의 문제로 실전과 동일하게 진행할 수 없기 때문에 이동 시간에 실전 연습 대신 이미지 트레이닝을 한다는 점이 평소와 다를 뿐이다.

시간이 없다는 변명은 더 이상 하지 말자

'이미지 트레이닝'은 운동 연습법의 하나다. 운동선수들이 실전 경기를 앞두고 머릿속으로 이미지를 그리면서 연습을 하는 것에서 유래했다. 우리가 '수영의 신'으로 여기는 미국의 수영선수 마이클 펠프스(Michael Phelps)도 누구보다 이미지 트레이닝을 많이 했다. 사실 마이클 펠프스는 어린 시절 '주의력 결핍 및 과잉 행동 장애(ADHD)'를 겪었다. 그런 마이클 펠프스에게 수영 코치였던 밥 바우먼(Bob Bowman)은 집중력을 향상시키기 위해서 이미지 트레이닝을 훈련시켰다. 그리고 이렇게 말했다.

"집에 가서 잠들기 전에 수영 경기 비디오테이프를 보고, 일어나서도 봐야 해."

하지만 비디오테이프는 실제로 존재하지 않았다. 그 비디오테이프는 마이클 펠프스의 머릿속에만 존재했다. 밥 바우먼은 마이클 펠프스가 하루 동안 연습한 것 중에서 가장 좋은 컨디션으로 수영했던 모습을 그의 머릿속에서 반복해서 보라고 지시했다. 출발대로 향하는 모습부터 수영장에 뛰어드는 모습 그리고 턴을 하고 결승점에 다다르는 순간까지 사소한 어떤 것도 빠뜨리지 말고 머릿속에서 경기를 하라고 전했다. 상상을 할 때도 진짜 경기처럼 집중한 덕에 마이클 펠프스는 수영 종목만으로 올림픽에서 스물세 개의 메달을 딴 수영의 신이 될 수 있었다.

이미지 트레이닝에는 실제와 같은 힘이 있다. 일례로 한 유명한 스포츠 심리학자가 재미있는 실험을 했다. 캐나다의 한 대학 농구팀을 대상으로 수준이 비슷한 세 그룹을 만들었는데 첫 번째 그룹에는 매일 30분씩 자유투 연습을 시키고, 두 번째 그룹에는 연습을 전혀 시키지 않았다. 그리고 세 번째 그룹에는 매일 30분씩 자유투를 하는 이미지를 머릿속으로 그리라고 했다. 그렇게 한 달 후 점수 기록을 분석해보니, 첫 번째 그룹은 자유투 성공률이 24퍼센트 향상되었고 두 번째 그룹은 아무런 진전이 없었다. 그런데 놀라운 사실은 세 번째 그룹의 자유투 성공률이 23퍼센트나 향상했다는 것이다. 실제 연습한 첫 번째 그룹과 단 1퍼센트의 차이밖에 보이지 않았다. 이렇듯 이미지 트레이닝의 효과는 무시할 수 없다.

그래서 나도 기차를 타거나 대기실에 앉아 있는 시간에는 살짝 눈을 감고 실전 현장에 투입되는 내 모습을 상상하기 시작한다. 입장할 때 어떻게 인사를 할 것인지, 슬라이드의 좌측과 우측 어디에 설 것인지, 내가 이해한 내용을 발표하고 있는 상상 속의 나를 느끼며 부족한 점은 없었는지 점검한다. 나는 이것을 '상상 리허설'이라고 부른다. 발표할 슬라이드를 A4 용지 한 장에 4페이지 혹은 때에 따라 9페이지가 들어가도록 출력해서 짬짬이 들여다보며 내 이미지를 그려보는 것도 연습에 확실한 도움이 된다.

시간이 없어서 발표를 잘하지 못했다는 변명은 통하지 않는다. 설령 다른 사람들이 이해해주더라도 내 기억 속에는 그 발표 순간이 평생 짐처럼 느껴져 무서운 트라우마로 남을 수도 있다. 트라우마를 자신감으로 바꾸는 기적은 오로지 나의 노력과 연습으로 이루어진다는 점을 기억하자.

프리젠터의 일기 #15

8월 28일
완벽한 연습은 없다

보통 경쟁 입찰 프레젠테이션 한 건이 잡히면 그 건을 발표하고 수주 소식을 접할 때까지 내 마음도 같이 요동친다. 오늘은 그동안 함께 해왔던 입찰 PT의 피날레를 장식하는 리허설 날! 발표 전까지 자료가 수없이 왔다 갔다 하고, 중간에 슬라이드 순서가 변경되기도 하며, 슬라이드와 말하고자 하는 내용이 맞지 않아 수정 사항도 생기는 등 여러 가지 과정을 거쳐 보통은 입찰 PT 당일 전날 리허설을 하게 된다.

오랜 시간 팀원들이 공들여왔던 모든 내용이 잘 전달될 수 있도록 구어체로 바꾸고 스토리텔링을 적용해 전달력 있게 말하는 것이 내 역할. 발표자로 나선다는 건 항상 어깨를 무겁게 한다. '부디 우리가 얼마나 노력해왔는지 내가 잘 어필할 수 있어야 할 텐데……'라는 생각 때문인지, 혹은 프레젠테이션 발표 현장에서는 내가 하는 하나의 말실수가 회사의 약속이 되어버린다는 부담감 때문인지, 누구보다 잘하고 싶고 누구보다 우리의 마음을 잘 표현하고 싶다는 욕심이 생긴다. 따라서 이런 모습이 잘 반영되었는지에 대한 확인도 할 겸 팀원들 앞에서의 리허설은 필수다.

모든 것이 완벽해 보였지만 세상에 완벽한 리허설은 없다는 말처럼 리허설 후에는 내 생각과 다르게 표현되는 무언가 부족한 부분이 항상 드러난다. 그럼 또 팀원들과 회의를 거쳐 수정하게 되고 수정 사항을 바로 반영해서 다시 한 번 리허설을 하게 된다. 이렇게 반복된 리허설 후에 오케이 사인이 나기까지 15분이 걸릴 수도, 혹은 세 시간이 걸릴 수도 있다. 그 시간은 곧 나에게도 배움의 시간이 된다. 그리고 이런 부족함에서 오는 배움이 나를 성장시킨다. 이것이 리허설의 매력이다. 리허설은 체력이 소진되지만 분명 마음을 가득 채워주는, 마법의 시간이다.

오늘의 교훈

발표자는 모두의 노력을 멋지게 터뜨려줘야 한다

발표는 혼자 하는 것이 아니다. 발표를 하기 전에 아이디어 회의, 기획, 디자인 등 많은 사람들의 노력이 먼저 있다. 따라서 발표자는 모두가 노력으로 만들어진 것을 마지막 피날레로 잘 터뜨려주는 사람이 되어야 한다. 연습하고 또 연습하자. 모두의 노력을 헛되이 만들지 않기 위해서.

Part 4

말의 호소력을 더하는 전달의 기술

말에는
힘이 담긴다

도움이 된다는 기쁨

나는 일을 끝내고 나면 늘 개인 SNS에 업데이트를 하는 습관이 있다. 누군가 그 글을 봐주기를 바라는 마음에서 적는 것은 아니다. 일을 잘 마무리하면 감당할 수 없을 만큼 넘치는 기쁨을 어떻게든 어디엔가 발산해야 하기 때문이다. 그렇게 나는 개인 SNS에 내가 하는 일에 대한 이야기를 풀어내기 시작했다. 그런데 SNS에 썼던 글을 정리하던 중 신기한 것을 발견했다. 내가 업데이트했던 글 곳곳에 빠짐없이 "나는 일을 할 때가 가장 행복하다"라고 적혀 있었던 것이다. 나는 이 길에 들어서며 단 한 번도 '다른 일을 했었다면?'이라는 후회를 해본 적이 없다. 설령 누군가와 비교하더라도 항상 내가 하는 일이 가장 좋았다. 한때는 그 이유가 내가 원하는 직업을 잘 선택했기 때문이라고 여긴 적도 있다. 맞다. 지금 하는 일은 내가 오랫동안 원했던 것이다. 하지만 일에 대한 애정이 조금도 사그라들지 않는 가장 큰 이유는 내가 하는 일이 상대방을 이롭게 하는 것이라는 데에 있다.

이 일을 하다 보면 사람들에게 수많은 감사 인사를 받는다. 그 중 특히 반가운 감사 연락은 바로 면접을 준비하던 학생들에게서 합격했다는 연락을 받을 때다. 그런 연락을 받을 때면 이번 합격을 통해 앞으로 펼쳐질 그 친구들의 미래가 그려지면서 내가 오히려 더 설레고 행복해진다. 이들이 처음 나를 찾아와 취업에 대한 고민을 털어놓는 이유는 굉장히 다양하다. 승무원을 지원하는 한 학생은 면접 때 자연스럽지 못한 자신의 모습을 바꾸고 싶다고 했다. 승무원으로서 너무 장점이 많고 예쁜 학생인데, 승무원은 어떤 모습이어야 한다는 생각의 굴레에 갇혀 자신을 돌아보지 못하는 점이 가장 아쉬웠다. 그래서 그 학생의 마음의 부담을 덜어주고자 진정한 자신은 어떤 사람인지 함께 찾아보는 시간을 가졌고, 그 과정에서 자신을 표현하는 단어들을 모아 간단한 '퍼스널 브랜딩'을 거쳤다. '승무원은 이런 모습이어야 해!'가 아닌 '이런 나이기 때문에 승무원에 어울려!'로 방향을 전환한 것이다.

몇 달 후 그 학생은 진짜 자신이 누구인지 찾은 결과 면접 때 후회 없이 자신의 장점을 어필할 수 있었고, 안 될 것이라는 모든 사람들의 생각을 깨고 마침내 최종 합격했다. 나는 지금도 그 학생의 기쁨에 찬 카카오톡 메시지를 잊을 수가 없다. 그 밖에도 고객과의 롤플레잉 면접에 대비해 여러 가지 대응 방법을 제시해준 덕분에 합격할 수 있었다는 은행 지원 학생의 문자, 서류 합격도 못했는데 선생님의 첨삭으로 생애 첫 서류 합격 소식을 들었다는 학생들의 메일, 쟁쟁한 경쟁자들 사이에서 주눅 들어 있었지만 선생님 덕분에 자신감을 얻어 원하던 대기업에 합격했다는 문자 등등. 이렇게 덕분이라는 감사 인사를 받을 때마다 약간 멋쩍으면서도 무척 기뻤다.

취업뿐만이 아니다. 보이스 강의를 통해 음성이 좋아져서 활짝 웃는 상대방을 보면 나도 함께 기쁨을 느낀다. 음성이 좋아진 많은 사람들 중에 기억나는 한 사례가 있다. 어느 날 30대 교사가 날 찾아왔다. 그 여성은 중학교 교사인데 어린아이 음색을 가지고 있어서 매일 학생들에게 놀림을 받는다며 나에게 고충을 털어놓았다. 그분은 어린 시절부터 자신의 음색이 어린아이처럼 들렸다고 했다. 그런데 나이가 들고 사회생활을 하다 보니 이런 음색 때문에 스트레스 받는 상황이 많아졌고, 더 이상은 목소리 때문에 힘든 일을 겪고 싶지 않다고 했다. 어린아이 톤의 음성을 개선하는 방법은 간단하다. 목에 힘을 주지 않으면 된다. 따라서 목에 힘이 들어가지 않는 발성 훈련법을 알려주었다. 그 훈련법이 습관으로 만들어지자 그분의 음성은 신뢰감 가는 느낌으로 확 달라졌다. 완벽하지는 않아도 개선된 자신의 음성에 놀란 그분은 "솔직히,

제 목소리가 좋아질 거라고 기대 안 했는데 정말 목소리가 바뀌네요"라고 말했다. 스스로도 변화할 수 있을지 의심이 들었지만 결과적으로 나를 만나기 잘했다는 말을 들으면 뿌듯해진다.

내가 만난 한의원 원장님도 그랬다. 하루 종일 진료를 봐야 하는데 진료를 보다 보면 목이 상해 있고 더 이상 아무 말이 나오지 않을 정도로 목이 아프다고 호소했다. 그리고 그 고통이 몇 년 동안 지속되고 있는데 도저히 참을 수 없는 한계에 다다라서 날 찾아왔다고 했다. 원인은 잘못된 호흡 방법에 있었다. 호흡이 워낙 짧아서 제대로 된 발성을 할 수 없었고, 호흡이 짧았는데도 진료할 때 환자들에게 많은 정보를 알려주기 위해 말을 길게 하다 보니 목에 무리가 갔던 것이다.

나는 먼저 호흡 훈련에 대한 시간 안배를 길게 가져갔고, 호흡이 안정되면서 새로운 발성 훈련법도 전달했다. 그리고 3개월의 시간 동안 매주 만나서 꾸준히 연습 방법을 공유했다, 그 이후에는 휴대전화 메시지를 통해 음성 파일을 주고받으며 총 8개월의 연습을 함께했고, 그 결과 원장님의 깜짝 놀랄 만한 변화를 볼 수 있었다. 마지막에 받은 원장님의 음성 파일에는 누구보다 세련된 음성이 담겨 있었고, 어느 순간 원장님은 아나운서 같은 울림과 전달력을 가진 음성의 주인공이 되어 있었다.

이렇게 나를 통해 다른 사람들이 긍정적인 변화를 겪는 것을 바라보면 가슴이 두근거린다. 나에게 경쟁 입찰 프레젠테이션 컨설팅을 받은 기업이 수주에 성공하면 도움이 되었다는 생각에 보람차고, 발표 컨설팅을 받은 CEO가 성공적인 강연을 했다고 연락해오면 마치 내가 강연한 것마냥 큰 희열을 느낀다. 그리고 이때 받은 그들의 에너지는 나에게도 이 일을 언제까지나 유지할 수 있는 큰 원동력이 된다. 이것이 내가 느끼는 내 직업의 가치다.

최선을 다할 수 있도록 도와주는 일

나와 함께한 상대방은 설령 자신의 목표가 실패하더라도 기꺼이 기뻐한다. 열심히 하는 과정에서 자신의 발전을 깨달았기 때문이다. 한번은 정부 사업을 따내기 위해 프레젠테이션을 앞둔 기업의 컨설팅을 맡은 적이 있다. 당시 주제만 달랑 가지고 온 기업의 직원들은 어디서부터 어떻게 시작해야 할지 몰라 나에게 모든 걸 맡긴다는 눈으로 초롱초롱하게 바라볼 뿐이었다. 그럴 때마다 나는 왜 이 사업을 우리가 꼭 해야 하는지 다시 한 번 묻는다. 그럼 그들은 이렇게 말한다.

"이 사업은 우리가 제일 잘할 수 있기 때문이에요."

이렇게 내가 되물음으로써 그들의 마음속에 꼭 수주해야 한다는 마음의 불꽃이 지펴지고 하고자 하는 의지가 새로이 만들어진다. 그리고 그때서야 제대로 된 컨설팅이 시작된다. 왜 자신의 기업이 이 사업을 따와야 하는지 알게 된 순간부터 컨설팅에 속도가

붙는다. 일에 대한 애정이 생겼기 때문이다.

그리고 그때부터 그들은 가진 이야기를 하나씩 풀어놓는다. 나는 그 이야기를 새롭게 배열하고 정리해서 스토리를 짜고, 짜인 스토리에 가장 어울리는 연출을 넣는다. 이 과정에 우리 모두의 노력이 담긴다. 그리고 자신이 속한 기업에 대해 다시 공부하면서 배우게 되고, 컨설팅 과정을 겪으면서 기획이나 발표 능력이 발전하는 자신의 모습에 감격하게 된다. 이렇게 컨설팅을 진행했지만 아쉽게 1등을 하지 못하는 경우도 더러 있다. 하지만 실패한 사람이라고는 믿어지지 않을 정도로 다들 한결같이 표정이 밝다.

"강사님과 함께 하면서 제 능력 이상을 발휘했어요. 후회는 없어요. 최선을 다했으니까요."

이 말은 함께했던 과정에서 자신의 능력을 개발하는 데 성공했고, 다음번에는 더 잘할 수 있을 것이라는 믿음이 생긴 사람들이기에 할 수 있는 말이다. 결국 노력함으로써 자신을 더 좋은 사람으로 발전시킨 멋진 사람들은 실패 속에서도 빛이 난다.

나는 말에 담긴 힘을 믿는다. 그리고 내가 가진 작은 힘으로, 내가 하는 말로써 세상을 이롭게 하고 싶다. 내가 하는 말로 상대방을 도울 수 있다면 죽기 전까지 내 직업에 대한 자부심을 계속 가질 수 있으리라는 확신이 있다. 상대방이 잘되는 일이 나에게 큰 기쁨으로 다가온다는 것은 장담하건대 인생에서 겪을 수 있는 가장 멋진 일이다.

사람들 앞에 서기를 두려워하지 마라

직업은 규정되지 않는다

나는 가끔 재미삼아 사주나 타로를 본다. 아마 첫 사주 또는 타로를 봤던 것이 중학생 때였던 것 같다. 친구들끼리 우르르 몰려다니며 아무런 생각 없이 본 사주에서 말을 하는 직업과 어울린다는 이야기를 들었다. 그 이후로도 사주를 보든 타로를 보든 진로와 관련해서는 '말'과 관련된 일을 하는 것이 가장 좋다고 했다. 그러다가 나의 이미지가 똑 부러진 아나운서와 어울린다는 한 선생님의 말씀에 마냥 아나운서를 꿈으로 정하고 달려온 것이 현재의 내 모습이다.

그 당시만 해도 말을 하는 직업은 아나운서밖에 떠오르지 않았다. 사실 지금까지 내가 해왔던 일은 아나운서를 제외하고도 전문 프리젠터, MC, 강사, 교수 등이고, 모두 말과 관련된 직업이다. 하지만 처음 일을 시작할 때 나는 아나운서가 되어야 MC가 되고 교수가 될 수 있다고 생각했다. 그래서 처음 일을 시작할 때 더 힘들었다. 오로지 내 길은 아나운서가 되는 것, 그 하나뿐이라고 생각했다. 그래서 좁은 시야로 그 길로만 진입하고자 아등바등했다. 아나운서가 되지 못하면 말하는 직업을 가질 수 없을 것이라는 생각이 들자 나는 더욱더 비장한 각오로 어떻게든 꿈을 이루기 위해 피땀 나게 노력할 수밖에 없었다. 노력한 것을 후회하는 것은 절대 아니다. 다만 내 시야가 넓었다면, 말하는 직업은 아나운서 외에도 많다는 사실을 알았더라면 나는 조금 더 쉽게 지금 자리로 올 수 있었을 것이다.

얼마 전 현재 내 자리에 오기까지 많은 도움을 받았던 MC아카데미의 대표님께 인사를 드리러 갔다. 그리고 그곳에서 아나운서 시험 준비를 함께하며 동고동락했던 친구를 만났다. 친구는 MC아카데미의 강사로 있었는데, 그녀도 나처럼 아나운서의 길을 누구보다 어렵게 걸어온 이력이 있다. 현재는 강사 활동과 함께 경제 방송의 앵커로 활동하며 종횡무진 바쁜 삶을 살고 있지만 과거에는 나와 함께 "아나운서 되기는 너무 힘들다!"를 외쳐온 주인공이었다. 그때 우리는 아나운서만 바라보고 도전했고, 아나운서가 되지 않으면 인생이 끝나는 줄 알았다. 그런데 그 친구가 맡은 반의 수강생들은 전혀 우리처럼 생각하지 않는다고 했다.

"회사를 다녔는데, 말하는 것이 좋더라고요. 그래서 이번 기회에 MC에 도전해보려고요!"

"임신과 출산 때문에 단절됐던 경력을 살려 육아 전문 MC를 하고 싶어요."

이렇게 서슴없이 말하며 환한 미소를 짓는 사람들이었다. 그리고 실제로도 수강생들은 아나운서 출신이 아니고 방송 경험이 전무해도 MC로서 실력을 인정받고 있었다. 그 모습을 보고 친구는 수강생들에게 오히려 사회를 배우는 것 같다고 말했다, 나 또한 그들의 멋진 모습에 과거 내 고정관념을 다시 돌아보게 되었다.

내가 가진 직업은 다른 방향으로도 뻗어 나간다

나는 그동안 큰 착각을 하고 있었다. MC는 방송을 통해서만 할 수 있는 것이 아니었다. 기업의 설립식, 기공식, 기념식 등의 행사는 항상 있으므로 진출할 기회는 어디에든 널려 있다. 마찬가지로 전문 프리젠터 또한 굳이 아나운서 출신이 아니더라도 시작한 사례들이 많다. 얼마 전 한 대기업에서 전문 프리젠터로 쇼호스트 출신 방송인을 뽑았다는 이야기를 들었다. 이처럼 방송 경험이 없어도 전문 MC가 될 수 있고, 아나운서가 아닌 쇼호스트 경력으로도 프레젠테이션을 멋지게 할 수 있다.

실제로 본업이 아니었지만 취미를 통해 다양한 방면으로 사업을 확장한 사람이 있다. 현재 전 세계적으로 굴지의 기업을 이끄는 영국 버진 그룹(Virgin Group)의 리처드 브랜슨(Richard Branson)이 그 주인공이다. 버진 그룹은 레코드 통신 판매로 시작하여 현재는 항공 사업, 미디어 사업, 관광 사업 등 여섯 개의 사업 부문에 진출한 다국적기업이다.

20여 개의 법인으로 구성된 버진 그룹의 창업자 리처드 브랜슨은 1950년 영국 런던에서 태어나 열여섯 살이 되던 해에 학생 잡지 〈스튜던트(Student)〉를 발행했다. '해보고 싶다'는 마음 하나로 시작했지만 철저하게 준비한 덕에 존 레논(John Lennon), 장 폴 사르트르(Jean Paul Sartre) 등 유명인의 인터뷰 기사를 싣는가 하면, 메이저 신문사에서 취재비를 지원받아 베트남 전쟁을 현장에서 취재하기도 했다. 그는 열여섯 살짜리가 분쟁 지역을 둘러본 소감을 세상이 궁금해하지 않겠느냐며 신문사를 설득했다.

잡지가 인기를 얻자 리처드 브랜슨은 학교를 그만두고 사업에 집중하기로 한다. 그는 음반 사업으로 눈을 돌렸다. 1970년대 당시 영국에 레코드 할인 판매 업체가 없다는 점에 착안해 우편 주문을 받아 음반을 할인된 가격으로 판매하는 사업을 시작한 것이다. 그런데 한숨 돌릴 틈 없이 위기가 닥쳤다. 우체국 파업으로 우편 판매가 어려워진 것이다. 그는 위기를 기회로 바꾸어 옥스퍼드 지역의 신발 가게 한 편에 음반 매장을 냈다. 단순히 음반을 파는 곳이 아니라 학생들이 음악을 편히 들을 수 있는 공간으로 꾸몄다. 입소문 덕에 매장이 인기를 끌자 그는 한 단계 나아가 음반 제작에 나서 대박을 터뜨렸다. 이것이 그의 사업 첫 스토리다.

리처드 브랜슨은 자신이 할 수 있는 직업을 규정하지 않았고, 자신이 시작할 수 있는 것을 찾아서 곧바로 행동으로 옮겼다. 그 결과 연 매출액 약 26조 원에 달하는 버진 그룹의 창립자로 우뚝 설 수 있게 되었다.

내가 지금 당장 할 수 있는 일을 찾자

나는 나만의 고정관념 때문에 이 길을 힘들고 어렵게, 많은 시간을 보내며 걸어왔다. 그리고 그 과정에서 스트레스도 심하게 받았다. 그런데 돌이켜 생각해보니 아나운서, 전문 프리젠터, MC, 강사, 교수 등의 직업은 모두 '말'로 하는 것이었고, 난 무엇을 먼저 하든 그 순간 바로 시작할 수 있는 일을 했어야 했다. 그랬으면 나의 20대는 더 멋진 추억들이 쌓였을 것이다. 대학교 방송반이나 지역 라디오 게스트 참여 혹은 버스킹 식으로 토크 콘서트를 하는 것도 하나의 방법이 될 수 있었다. 그리고 요즘 같은 때는 개인 방송으로 유튜버가 되는 것도 좋다.

무엇이 되었든 자신이 그 순간에 할 수 있는 것을 먼저 해보자. 그러다 보면 길은 자연스럽게 열린다. 가장 큰 문제는 가야 할 목표를 너무 버겁게 생각해 시작조차 안 하는 것이다. 목표는 앞으로 나아간다는 것에 의미가 있다. 따라서 목표를 세웠으면 조금씩이나마 전진해야 한다. 영국 총리를 역임한 윈스턴 처칠(Winston Churchill)도 처음에는 무대 공포증 때문에 대중 앞에만 서면 몸이 사시나무 떨듯 떨리고 눈앞이 캄캄해졌다고 한다. 하지만 그는 대중 앞에 서는 일을 멈추지도 않았고, 두려워하지도 않았다.

"나는 여러분께 피와 수고, 눈물 그리고 땀밖에 달리 드릴 것이 없습니다."

1940년 5월 13일, 전쟁의 불안에 떨던 영국 국민에게 이 같은 말로 용기를 불어넣던 처칠의 명연설은 영국인의 가슴에 강렬하게 남아 현재까지도 가장 위대한 영국인이라는 찬사를 받고 있다.

처칠에 비하면 너무나 부족하지만, 나도 마찬가지다. 앞서서도 말했지만 나는 초등학생 때부터 '말'이 약점이었고 말을 누구보다 두려워하던 사람이었지만 결국 아나운서를 목표로 삼았고, 목표하던 말하는 직업을 가지게 되었다.

가끔은 너무 큰 목표에 지레 겁을 먹고 물러나는 경우가 생긴다. 내가 생각하는 직업이 내가 가진 능력보다 너무 크다고 느껴져서 어디서부터 시작해야 할지 모르는 사람들도 많다. 그럴 경우 그 어떤 시도라도 좋다. 무조건 시작하자. 나의 시작은 아나운서를 꿈으로 품고 동네의 작은 스피치 학원 문을 두드렸을 때다. 그 용기가 지금의 나를 있게 해주었다. 그리고 말에 대한 두려움도 떨치게 해주었다. 할 수 있다는 마음이 용기가 되어 행동의 시작이 된다. 그리고 그것이 나를 큰 꿈으로 이끈다.

무엇을 하기 위해 정해진 길은 없다. 누군가 만들어놓은 길을 따라갈 필요도 없다. 길은 스스로가 만드는 것이다. 내가 가는 길이 곧 나를 보여주는 길이 된다. 따라서 '가야 할 길이 딱 하나'라고 규정하지 말자. 고정관념을 깼을 때 비전은 높아진다.

긍정적인 에너지가 설득을 부른다

80대에도 꿈을 꿀 수 있다

나이가 많은 것이 좌절하는 이유가 되지 않지만 우리는 가끔 어떤 일을 시작하기에 앞서 나이가 많다는 걱정 때문에 지레짐작으로 포기하는 경우가 있다. 하지만 시간이 지나 돌이켜보면 언제나 지금보다는 그때가 더 어렸고, 그때라도 시작했어야 했다고 후회한다.

나는 스물여섯 살 때 아나운서 준비를 시작했고, 스물일곱 살이 지나서야 첫 방송을 했다. 그리고 스물아홉 살에 내가 속한 기업에서 역대 가장 나이 많은 전문 프리젠터가 되었으며 서른한 살 때 처음으로 강의 시장에 뛰어들었다. 그런데 내가 스물여섯 살부터 끊임없이 들어온 말은 "너는 너무 늦었어"였다. 아나운서를 준비하는 스물여섯 살의 여자. 주변에서는 할 수 있다는 열정을 가진 나를 보며 안쓰러워하는 시선이 많았다. 아마 다들 어차피 못 이룰 허황된 꿈이라고 생각했을 것이다. 하지만 나는 보란 듯이 하나씩 꿈을 성취해나갔고, 지금은 비교적 젊은 나이에 많은 경험을 한 사람이 되었다.

꿈을 이루기에 너무 늦은 나이란 없다. 강한 목적의식과 열정만 있다면 분명 해낼 수 있다. 다만, 명심할 것은 자신을 믿고, 자신이 하는 일을 믿어야 한다는 것이다.

프리랜서 출판 기획자로 활동 중인 이형진 저자는《꿈을 이루기에 너무 늦은 나이란 없다》(황소북스, 2014)에서 늦게 도전해 성공한 사람들의 이야기를 소개한다.

> 102세에 파우자 싱은 세계 최고령 마라토너가 되었다.
> 99세인 시바타 도요는 시인으로 등단해《약해지지 마》를 발간했다.
> 89세인 도리스 해덕은 4,800킬로미터를 걸어 미국을 횡단했다.
> 89세인 미켈란젤로는 성 베드로 성당의 지붕 작업을 마쳤다.
> 84세인 윌리엄 스타이그는《슈렉》을 완성했다.
> 83세인 에디슨은 1093번째 특허를 신청했다.
> 83세인 괴테는《파우스트》를 완성했다.
> 80세인 로마 정치가 카노는 원전을 읽기 위해 그리스어 공부를

시작했다.

78세인 벤저민 프랭클린은 이중초점 안경을 발명했다.

76세인 김동호는 〈주리〉로 영화감독 데뷔를 했다.

76세인 해리 리버먼은 처음 그림을 그리기 시작해 '미국의 샤갈'이 되었다.

중학생 시절의 나는 동화에 예쁜 공주님만 있다는 편견을 깨준 영화 〈슈렉〉이 참 좋았다. 그래서 한 달 동안 몇 번이나 〈슈렉〉을 반복해서 돌려보곤 했다. 그런데 〈슈렉〉을 세상에 탄생시킨 윌리엄 스타이그(William Steig)가 62세에 동화 작가가 되었고, 84세에 그림책《슈렉(SHREK!)》을 완성했다는 사실을 알게 된 후 이 작품에 더욱더 많은 애정이 갔다. 그의 시작이 늦은 것도 놀라웠지만 무엇보다 대단한 것은 그 나이에도 동심을 잃지 않고 아이와 어른이 모두 좋아할 만한 새로운 동화 세상을 만들었다는 것이 정말 존경스러웠다.

2007년 영국의 리얼리티 TV 프로그램 〈브리튼스 갓 탤런트(Britain's Got Talent)〉에 출연해 세계적인 오페라 가수가 된 폴 포츠(Paul Potts)도 나는 잊을 수 없다.

못생긴 얼굴에 앞니가 깨진 상태로 치료도 받지 못한 탓에 '프랑켄슈타인'이라는 별명까지 얻었던 그는 학교에서 따돌림을 당하던 아이였다. 그리고 자신의 결혼식 때도 못난 치아 때문에 활짝 웃지도 못했다. 이렇듯 항상 자신 없는 모습이었던 그는 휴대전화 판매원으로 생활하면서 생애 처음으로 자신이 원하는 것이 무엇인지 마음의 소리에 귀 기울이게 된다. 그리고 그 결과 오디션 프로그램에 참가해 감동의 무대를 선사하고 우승을 차지한다. 그의 아름다운 목소리는 사람들을 감동시키기에 충분했고, 이후 그는 전 세계인에게 사랑받는 스타가 되었다. 그의 인생 스토리는 영화로도 제작되었다. 폴 포츠가 가수에 도전한 나이는 서른여덟이었다. 그도 늦은 나이에 꿈을 이루는 데 성공했다.

나는 스물여섯이라는 어린 나이에도 주변에서 만류하는 말에 꿈을 포기해야 하나 수없이 고민했다. 그리고 실제로 잠시 아나운서로서의 꿈을 접고 대기업 입사를 준비하기도 했다. 윌리엄 스타이그나 폴 포츠는 나보다 몇 배는 많이 포기하라는 주변의 말을 듣고 흔들렸을 것이다. 사람들은 대개 사회적 시기에 어긋나거나 평범하지 않으면 잘못됐다고 말한다. 스무 살이 되자마자 대학에 입학하지 않으면 인생의 실패자로 여겨지고, 30대에 결혼을 하지 않으면 혼기를 놓친 노총각 노처녀가 된다.

'늦었을 때가 가장 빠른 것'이라는 말은 바로 지금이 인생에서 제일 젊은 때이기 때문에 시작하기 가장 좋다는 뜻이다. 시작하지 않으면 변화도 없다. 그리고 스무 살이든 여든 살이든 배우기를 포기하면 그때야말로 인생의 내리막길이 시작된다. 발전이 없는 삶이기 때문이다.

늦은 나이란 없다

만약 바쁘게 돌아가는 삶 때문에 어느 순간 꿈을 잃고 사는 자신을 발견했다면 그때가 가장 꿈에 도전하기 좋은 시기다. 그 발견이 자신의 삶에 진정으로 집중하기 시작했음을 알리는 신호이기 때문이다. 누구나 자신만의 삶을 살고 싶어 한다. 특히 나이가 들면 좋아하는 것을 하고자 하는 열정이 커진다. 그래서 사람들은 자녀를 모두 장성시킨 후나 회사에서 퇴직한 후에 가장 먼저 자신이 무엇을 좋아하는지 생각한다. 그리고 그것이 여행이면 세계여행을 떠나고, 나에 대한 투자라면 사고 싶었던 여러 가지를 사면서 취미 생활을 즐긴다.

자신만의 삶을 사는 것을 꼭 자신이 잘하는 특기나 재능으로 표현하지 않아도 된다. 단지 자신이 좋아하는 일에 집중하는 시간이 필요할 뿐이다. CBS 교양 프로그램 〈세상을 바꾸는 시간, 15분〉에 출연한 제이라이프 스쿨의 지민호 대표는 "나다움을 위해서는 자신의 특기를 찾으라"고 말한다. 하지만 그가 말하는 특기란 남들과 다른 특별한 기술이 아니다. 나만이 할 수 있는 것이 아니라 나에게 특별한 기쁨을 주는 것이 특기이며, 그것만으로도 우리는 나다운 삶을 살 수 있다고 지 대표는 강조한다.

나다운 삶을 살게 되면 매일이 행복해진다. 내가 주변에서 가장 많이 듣는 이야기는 "현정 쌤에게는 긍정적인 에너지가 넘쳐요"다. 일부러 긍정적인 연출을 하는 것이 아니다. 행복하기에 에

너지가 넘치고 긍정적으로 발산된다. 그리고 나 또한 계속해서 내면의 나에게 물을 것이다. 서른다섯 살에는 무엇을 하고 싶은지, 마흔 살에는 어떤 꿈을 꿀 것인지. 실제로 내 지갑에는 스물두 살 때부터 적어온 꿈 메모가 있다. 2~3년 단위로 나누어진 메모에는 이렇게 적혀 있다.

25세 아나운서가 된다.

27세 말하는 직업으로 안정적인 회사에 들어간다.

33세 내 삶에 대한 이야기를 책으로 펼친다.

이 메모처럼 항상 시기에 맞게 꿈을 이룬 것은 아니다. 그렇지만 시기별로 구체적인 꿈을 적어놓는다면 메모를 펼쳐볼 때마다 꿈에 집중하는 시간을 가질 수 있다. 그리고 이것이 결국 꿈에 한 발짝 다가가는 계기가 된다. 누군가 내 메모를 보면 "33세에 웬 꿈이야? 먹고 살기도 바쁜데"라고 할 수도 있지만, 나는 40세, 50세, 60세에도 꿈을 꿀 것이고 또 부지런히 꿈에 다가가고 있을 것이다. 그러다 마침내 꼬부랑 할머니가 되어서도 열심히 다른 사람들의 꿈을 독려하는 사람으로 성장한다면 그것이야말로 내 인생의 가장 큰 성취가 아닐까 한다.

프리젠터의 일기 #16

5월 22일
행사 MC 팁

봄, 가을은 행사의 시즌이다. 그만큼 SNS에 공유하는 나의 행사 관련 글에도 문의가 쏟아진다. 이런 문의에는 기업뿐만 아니라 행사 MC에 관심 있는 사람들의 질문도 더러 있다. 행사를 잘하고 싶지만 방법을 모르는 사람들을 위해 행사 MC로서 필요한 팁을 공유한다.

1. 공연팀 인원수를 파악하고 악기 세팅에 소요되는 시간 등을 미리 체크한다.

만약 입장, 퇴장 및 악기 세팅에 3분 이상이 걸린다면 공연 전후에 간단한 레크리에이션을 할 수 있도록 준비한다. 가장 멀리서 온 관객을 찾는다든지 관객과 가위바위보 게임을 즉석에서 한다든지, 아니면 행사와 관련된 퀴즈를 내는 것도 좋다.

2. 공연팀에게 어떤 방향으로 소개되고 싶은지 현장에서 한 번 더 물어 체크한다.

시나리오로 소개 멘트를 받았다 해도 현장에서 공연팀에게 직접 소개 멘트를 더블 체크하는 것이 좋다. 만약 공연팀이 소개 멘트 변경을 요청한다면 행사 담당자와 상의해서 시나리오를 즉각적으로 수정한다.

3. 공연팀에 대한 사전 조사를 한다.

공연팀의 성격이나 다루는 악기 혹은 음악 등에 대해 사전 조사를 하면 공연팀이 무대 세팅을 하는 사이마다 애드리브를 할 멘트를 확보할 수 있다. 그리고 인터넷을 통해 검색한 내용이 맞는지 현장에서 공연팀과 확인을 거쳐야 한다.

4. 공연팀과 사전 리허설을 한다.

공연팀이 들어오고 나갈 때 시간이 많이 걸린다면 주어진 시나리오 외에 추가 애드리브가 필요하다. 오디오가 비는 시간이 길면 객석의 분위기가 다운되고 무대가 어수선하게 느껴지기 때문이다. 애드리브는 방금 했던 공연팀의 무대를 되짚는 이야기를 해도 좋고 노래에 얽힌 정보를 이야기해도 좋다. 따라서 진행자는 노래가 몇 곡인지, 인원은 어떻게 되는지 미리 파악해야 한다. 더불어 그들이 리허설하는 모습을 보고 의상이 어떤지, 연출이 어떤지도 미리 알 수 있다면 그와 관련해서도 애드리브 멘트를 준비할 수 있다.

5. 내빈 소개는 마지막의 마지막까지 챙긴다.

모든 행사의 꽃은 내빈 소개라고 해도 과언이 아니다. 주최 측에서 가장 중요하게 여기는 것이 내빈이기 때문이다. 내빈의 특성상 행사가 시작한 후 도착하는 분들도 많다. 일례로 축사를 하기로 한 내빈이 불참하여 내가 대신 축사를 읽기로 했다가 다시 내빈이 참석하는 바람에 급하게 소개 멘트를 넣고 앞으로 모신 일도 있다. 이런 이유에서 내빈을 소개하기 전에 담당자와 다시 한 번 눈짓이나 포스트잇 쪽지 등으로 최종 내빈을 확인한다. 내빈의 이름을 잘못 부르면 정말 큰일 나는 경우가 생긴다. 따라서 내빈 성함이나 직함, 기업명을 잘못 호명하는 실수가 없도록 더블 체크는 필수다.

6. 경품 추천은 꼭 리허설을 한다.

주최 측에 따라 진행 방식이 다른 것이 경품 추천이다. 따라서 경품 추천할 내빈이 올라왔을 때 인사 말씀을 할 것인지, 추첨은 연속해서 뽑을 것인지, 긴장감을 주면서 한 명씩 호명할 것인지, 당첨자를 단상 위로 자리하게 할 것인지, 번호표 확인 여부는 어떻게 되는지 등 모든 것들을 사전에 확인하는 게 필수다. 경품 추천은 시나리오상에 딱 '경품 추천 시간'으로만 적힌 경우가 대부분이니 이 역시 확인하자.

7. 관객의 호응에 따라 목소리의 높낮이 및 강약 조절 그리고 제스처로 행사를 이끈다.

당연한 이야기지만 행사 성격에 맞춰 어떻게 행사를 진행할 것인지 자신의 목소리를 한번 점검해보자. 기쁜 행사에는 생각보다 사회자의 목소리가 더 조곤조곤하게 들릴 수 있으므로 있는 힘껏 기쁨을 표현하자.

8. 오디오, 조명 체크는 필수다.

사회자 연단은 임의로 옮겨서는 안 된다. 핀 조명에 맞춘 자리이기 때문이다. 오디오 같은 경우도 공연 사이사이 사회자 멘트가 늘어났다면, 오디오 팀과 조율해서 마이크를 켜짐 상태로 유지해달라고 해야 한다.

발표자는 멀티플레이어여야만 한다

힘든데 '힘들지 않다'

한 해를 마무리하며 지난 1년 동안의 다이어리를 들여다보았다. 까만 볼펜 자국투성이였다. '뭐가 이렇게 까맣게 많이 써져 있지?'라고 생각하며 매달 적어놓았던 스케줄을 보니 한 해 동안 거의 하루도 쉬지 않고 일을 해온 것을 발견할 수 있었다. 물론 일을 많이 했다고는 짐작했지만 내 생각보다 더 많은 일을 소화해왔던 것이다.

지난해는 나에게 특별한 해였다. 프리랜서를 선언하고 회사를 나온 첫해였고 그만큼 마음에 불안감도 도사리고 있었다. 그래서 더욱 열심히 뛰어다녔고, 감사하게도 매일 일거리가 주어지면서 세 개의 회사와 프리랜서 계약을 맺기도 했다. 그래서인지 친구들

나의 다이어리를 가득 채웠던 한 해 일정

로부터 "몸도 생각하면서 일해"라는 말도 많이 들었다. 매일 전국을 돌며 경쟁 입찰 프레젠테이션을 하고 하루 네 개의 강의에 특강까지 뛰는 모습을 보고 친구들이 걱정을 할 수밖에 없었던 것이다.

그런데 나는 이상하게도 그때마다 '어? 나는 하나도 안 힘든데?'라는 생각이 들 뿐이었다. 몸이 힘들지 않다는 말이 아니었다. 가끔은 일을 마치고 집에 돌아오면 화장도 지우지 못한 채 침대에 쓰러져서 아침까지 잔 적도 있었다. 그런데 아침만 되면 다시 쌩쌩해져서는 일터로 달려 나가는 내 모습에 나조차 신기할 정도였다. 그리고 일을 할 때는 누구보다 에너지가 넘쳐나서 작은 체구에서 어떻게 그런 힘이 나오느냐는 질문을 많이 받기도 했다.

몸이 지치는 것과 마음이 지치는 것은 분명 다르다. 드라마나

다큐멘터리에서 몸이 힘든 일을 하면서도 표정이 밝은 사람을 많이 봤을 것이다. 새벽에 우유 배달을 하거나 푸드 트럭 장사를 하면서도 꿈이 있어 활기찬 사람들이 있다. 그들은 입을 모아, 이루고 싶은 꿈에 한 발짝 다가가고 있기에 지금 하는 노력이 힘들지 않다고 말한다. 이렇듯 좋아하는 일을 하면 얼굴 표정이 다르다. 하지만 몸이 편한 일이라도 하기 싫은 일을 하면 표정이 어둡다. 마지못해 하는 일이라는 게 얼굴에 드러나기 때문이다. 내가 좋아서 하는 일을 하고 있는 나. 나야말로 행복한 행운아다.

불안은 항상 존재한다

나도 항상 내 삶에 만족스런 일만 있었던 것은 아니다. 아나운서를 준비하는 도중 '이대로 영영 아나운서가 되지 못하면 어떡하지?'라는 생각에 한 기업에 입사한 적이 있다. 해당 기업에 대한 공부도 전혀 하지 않은 채 운 좋게 입사했지만 결국은 3일 만에 죄송하다는 사과의 인사와 함께 사직서를 제출했다. 한 명의 인재를 어렵게 채용했는데 곧 그만두면 기업에 손실이 어마어마하다는 사실을 알았지만, 그 회사를 다니면서 도저히 행복할 자신이 없었다. 그래서 더 늦기 전에 그리고 회사에 더 미안해지기 전에 그만두는 것이 맞다고 생각했다.

그 이후로 정신 차리고 아나운서가 되는 일에 집중했느냐고 물어본다면 그것도 아니었다. 불안한 미래에 누구보다 나약한 사람이 바로 나였기 때문이다. 당시 내 나이 스물여섯이었다. 아나운서 준비와 함께 대기업의 영업직이나 금융권에 이력서를 사정없이 넣었다. 아나운서 준비를 하며 시사 상식, 논술, 작문과 전달력 있는 음성에 이미지 가꾸기까지 준비했던 덕분인지 기업 면접은 최종까지 쭉쭉 잘 올라갔다. 하지만 최종 면접을 앞두고 항상 면접장에 가는 발걸음이 무거웠다. 그때마다 '만약 정말 합격하면 어떡하지?'란 생각이 날 사로잡았기 때문이다. 합격해서 회사를 다닌다면 역시나 행복할 자신이 없었다. 매일이 야근의 연속이라는데 아무리 월급을 많이 받는다고 해도 지칠 것만 같았다 이런 마음가짐으로는 최종까지 올라온 다른 지원자들과 함께 면접을 보는 것이 부끄러울 뿐이었다.

나는 과감히 불안한 미래를 받아들이기로 했다. '안 되면 부모님에게 얹혀살지 뭐'라는 태평스러운 마음이 이때는 도움이 됐던 것도 같다. 그런데 신기하게도 그런 마음이 들자, 나는 더욱 아나운서가 되는 데에 집중하기 시작했고 진심어린 노력을 다하게 되었다. 그 노력의 과정이 힘들긴 했지만 지치지는 않았다. 그리고 그 노력의 결과, 리포터와 교육 콘텐츠 아나운서로 시작해서 원하는 방송을 하는 자리에까지 앉게 되었다.

그 이후 새로운 도전을 위해 기업의 전문 프리젠터로 전향했고, 매 도전에는 어려움이 따르듯 이때 다시 한 번 시련에 맞딱뜨리게 된다. 한 기업의 정규직 전문 프리젠터는 경쟁 입찰 프레젠테이션만 하는 자리가 아니었다. 회사에서는 발표뿐만 아니라 영업과 손익 계산, 프레젠테이션 기획과 디자인까지 전천후 멀티플레이어를 원하고 있었다. 경쟁 입찰 프레젠테이션은 무엇보다 좋았지만, 그 외 다른 것은 어려웠다. 피할 수 있다면 피하고만 싶었다. 그리고 실제로 싫은 일을 해야 한다는 압박감 때문에 회사를 가기 싫은 적도 많았다.

나는 그제야 이해했다. 사표는 항상 마음속에 가지고 다니는 것임을. 다행인지 불행인지, 좋아하는 발표와 그렇지 못한 다른 일들을 병행했기 때문에 그나마 나는 버틸 수 있었다. 좋아하는 일을 위해서는 이 과정을 참아야 하는 것을 알았기 때문이다. 그리고 일련의 과정을 견딘 후에 분명 성장할 것임을 믿었다. 그래서 현재 나는 일반 발표 대행만 하는 프리젠터가 아닌 기획과 질의응답도 모두 할 수 있는 전문 프리젠터로 발돋움할 수 있었다.

마음의 소리에 귀를 기울이자

좋아하는 일을 하려면 실제로 내가 하고 싶은 일만 할 수는 없다. 좋아하는 일을 하는 데에는 필연적으로 하기 싫은 일도 따라온다. 하지만 그 모두를 이해하고 받아들인다면 비록 몸은 지칠지언정 마음은 지치지 않는다. 원하는 미래에 가까이 다가가고 있음을 느낄 수 있기 때문이다.

나는 내 마음의 소리에 충실했던 과거에 한없이 감사한다. 쉬운 길로 도망쳤다면 현재 만족하는 나의 삶은 없었을 것이다. 그리고 '일이 좋아서 회사 다니는 사람이 몇 명이나 되겠어'라며 한없이 불평만 늘어놓았을 것이다. 그래서 나는 인생의 출발점에 서 있는 취업 준비생들과 만날 때마다 내 과거 이야기를 많이 들려준다. 그리고 그 이야기를 하기 전에 이 길이 진정 자신이 원하는 길이 맞는지 스스로에게 물어볼 것을 권한다.

실제로 나는 면접 컨설팅을 하면서 국내 최고의 대학교에 재학 중인 학생들을 만날 기회가 많았다. 취업을 앞둔 이 학생들을 만나기 전에는 국내 최고의 대학생이라는 부담감에 나도 더 많이 준비하고 긴장을 잔뜩 했다. 그런데 나의 긴장을 무너뜨리는 학생들의 모습이 이어졌다.

"자기소개는 어떻게 하는 건가요?"

"제가 왜 이 직업을 지원하는지 사실 잘 모르겠어요."

몇몇 학생들은 기본적인 자신의 소개는 물론 지원 동기까지 말할 수 없다며 한 시간을 가만히 생각만 하다가 돌아갔다. 그리고 어떤 학생은 자기소개 방법을 알려주는 나를 보더니 자신이 이렇게 살아온 것이 후회된다며 우는 모습을 보이기도 했다. 이 학생들은 어렸을 때부터 공부를 잘했기 때문에 부모님의 기대를 받아왔고, 부모님이 원하는 전공을 택해 정해준 길만 묵묵히 걸어갔다는 공통점이 있었다.

스무 살이 될 때까지는 부모님의 기대에 부응하며 누구보다 잘 달려왔지만, 성인이 된 뒤의 삶까지 부모님이 대신 해주지는 못한다. 그래서인지 학생들 중 몇몇은 열정이 없었고, 왜 이 일을 해야 하는지에 대한 이렇다 할 동기도 없었다. 이 학생들의 모습에 실망한 부모님들은 내게 전화를 해서 열정을 심어달라고 부탁하기도 했다. 열정은 내가 심어줄 수 있는 것이 아니라 진정으로 자신이 무엇인가에 목표의식이 있을 때 생기는 것이라고 말씀드리지만, 막무가내인 부모님들도 더러 있었다.

하지만 자신이 좋아서 선택한 직업에 대비하는 친구들은 분명히 달랐다. 하나를 알려주면 더 공부해서 "이것도 필요하지 않을까요?"라고 되묻곤 했다. 모든 것은 '하고자 하는 마음'에서 우러나온다. 마음의 소리에 귀를 기울인다고 해서 내 삶이 사회적으로 성공한다는 보장은 없다. 돈을 많이 벌지 못할 수도 있고, 명성을 얻지 못할 수도 있다. 하지만 인생에서 '그때 그렇게 해볼걸'이라는 후회는 하지 않게 된다. 인생을 후회 없이 사는 것이 진정한 삶의 승자임을 생각해본다면 좋아하는 일에 도전하는 것에 망설일 이유가 없다. 지치지 않는 삶은 마음의 소리에 귀를 기울이는 것에서부터 시작한다는 진리를 잊지 말자.

프리젠터의 일기 #17

11월 28일
스타트업 부흥을 위하여!

창업이 붐이다. 그런데 진입 장벽이 없을 것만 같았던 창업도 점점 벽이 높아지고 있다. 하고 싶다고 모두가 창업을 하기도 힘든 세상이다. 예를 들어 스타트업 기업은 시작하면서 팀을 꾸리는데, 팀원의 이력이 해외 유명 대학 석, 박사부터 대기업 임원 경력, 국내 최고의 대학교 졸업자들까지 만만치 않다. 이런 현실에 맞추어 예전에는 피칭(Pitching: 투자 유치 발표)에 '우리 팀은 관련 경험이 많고 케미가 좋다'라는 의미로 팀 소개를 꼭 넣었지만, 요즘은 전부 굉장한 경력의 소지자들이 넘쳐나 굳이 팀 소개를 넣지 않는다는 이야기까지 돌 정도다.

예전에는 손쉽게 이런 생각도 했다.

'대기업에 입사하기도 힘든데 창업이나 할까?'

한마디로 천만의 말씀, 만만의 콩떡이다. 현재 스타트업으로 분주한 대표님들을 보면 모두 기업가 정신이 투철하다. 자신이 만든 제품에 대한 애정이 대단하고, 누구보다 세상을 좋게 바꾸고 싶어 한다. 따라서 도피하고 싶은 마음으로 스타트업을 시작할 생각이라면 무조건 접는 것이 옳다. 스타트업은 제품에 대한 애정이 없으면 험난한 고행길일 수밖에 없다.

오늘은 엑셀러레이터 기업에 초청받아 소셜 벤처를 운용하는 대표님 네 분을 만났다. 시각장애인을 위한 더빙 아이디어를 가진 업체부터 친환경 소재를 활용한 편집숍까지, 다양한 아이디어와 도전정신으로 회사를 운영하고 있는 분들이었다. 이분들의 이야기를 듣고 있자니 소셜 벤처는 일반 스타트업보다 기업가 정신이 훨씬 투철하다는 것이 느껴졌다. 내가 그분들에게 도움이 될 수 있는 일은 해당 제품이 가진 가치를 세상에 더 잘 알려지도록 하는 일 그리고 좀 더 객관적인 시선에서 제품에 대해 파악할 수 있는 예비 고객이 되어보는 일이라는 생각이 들었다.

열정이 많은 사람들을 만나면 나는 나 자신도 그만큼 열심히 살고 있는지, 내가 하고 있는 것이 최선인지 부끄러워질 때가 있다. 늘 내 직업이 좋은 이유가 '남이 잘되는 것을 돕기 때문'이라고 말해왔는데 오늘 내 직업이 좋은 이유가 하나 더 생겼다. '본받을 수 있는 좋은 분들을 많이 알게 해주기 때문'이다. 덕분에 나도 매번 발전하는 삶을 살아갈 수 있을 것 같다.

오늘의 교훈

열정적인 사람을 가까이에 두자

열정은 전염된다. 따라서 누군가가 열심히 하는 모습을 보면 '나도 더 힘을 내볼까?'라는 긍정적인 영향을 받는다. 남과 비교하는 인생을 살라는 이야기가 아니다. 적어도 내 인생에 헛되이 보낸 순간이 없도록 매 순간 열심히 사는 것을 추천한다.

· 에필로그 ·

국내 1호 프리젠터, 후배를 이끄는 꿈을 꾸다

아나운서부터 프리젠터, 컨설턴트와 강사에 이르기까지 10년에 가까운 지난 기록을 이 책에 담았다. 앞에서 나는 누구나 말을 잘할 수 있다고 밝힌 바 있다. '설마 누구나 말 잘하는 게 가능하겠어? 그냥 하는 말이겠지'라고 여겼던 사람들도 책을 난 뒤에는 내 이야기에 공감하며 고개를 끄덕거렸으면 한다. 나는 항상 누군가에게 도움이 되는 일을 하고 싶었다. 그것을 직업으로 이루었으니, 이번에는 이 책으로 더 많은 사람들에게 도움이 되기를 바라는 마음이 간절하다.

하지만 나의 자신만만한 마음과 다르게 책을 쓰는 일은 결코 쉽지 않았다. 처음에는 가볍게 글을 써내려가며 책도 별거 아니라는 생각이 들었다. 그러나 곧 어느 순간부터 내 글의 모든 단어와 문장에 부족함이 보였고, 나의 실패 사례를 드러낸다는 것에 부담감이 느껴졌다. 그래서 다 쓴 원고를 몇 번이나 퇴고하고 뒤집었다. 하지만 그 과정을 반복하면서 원고가 마음에 쏙 들 정도로 완벽해지기는커녕 부족함만 더 늘어나는 것이 보였다. 난 완벽한 글을 보여주기 위해 글을 시작한 것이 아닌데 점차 세상에 내놓아야 하는 글은 완벽해야 한다는 착각에 빠졌고, 그 착각 속에서 스트레스 지수는 커져갔다. 나 스스로 완벽주의 성향을 버려야 했다. 이대로 지속된다면 책을 내기도 어렵겠다는 생각이 들었다. 이왕 좋은 취지로 시작한 이상 내 글을 완벽하게 보여야겠다는 생각을 벗어던지고 다른 사람의 일기를 보듯이 가볍게 읽히는 책으로 만들자고 마음을 바꾸어 먹었다.

사실 내 책의 콘셉트도 '나의 처음은 모두 실패였다'다. 나의 첫 책도 물론 실패로 끝날 수 있다. 이렇게 생각하니 그동안 받아오던 스트레스는 온데간데없이 사라지고 '어디 한번 해보자'라는 용기가 샘솟았다. 나 스스로 처음부터 잘하는 사람은 없다고 꾸준히 이야기해왔으면서 처음 집필하는 책에 대해서는 엄격한 잣대를 들이대고 있었던 것이다.

나는 이 책이 완벽한 책으로 보이는 것보다 많은 사람들에게 용기를 주는 책으로 기억되었으면 한다. 그리고 일반적으로 발표를 어려워하는 사람들뿐만 아니라 미래의 전문 프리젠터들에게도 '할 수 있다'는 힘을 북돋아주는 책이 되었으면 한다. 나는 지금도 일주일에 한두 번씩 SNS를 통해 "저도 전문 프리젠터가 되고 싶어요. 어떻게 해야 하나요?"라는 질문을 받는다. 이런 문의를 받을 때마다 절로 기분이 좋아진다.

그래서 나도 모르게 이 한 줄의 질문에 장황한 답변을 쏟아낸다. 프리젠터가 되는 방법부터 프리젠터로서 해봐야 할 추천 경험 리스트, 프리젠터로서 익혀야 할 역량 등 장문으로 꽉 채운 답변에는 꼭 좋은 프리젠터로 성장했으면 하는 내 진심이 묻어 있다. 후배를 이끄는 것이야말로 프리젠터 1세대로서 향후 전문 프리젠터라는 직업군을 더 공고하게 만드는 최고의 방법이 되기 때문이다. 전문 프리젠터 2세대, 3세대가 되어줄 후배에게 내가 좋은 지침이 되어준다면 그보다 더 큰 영광은 없을 것이다.

나는 누구보다 오랫동안 꿈을 꾸었고, 마침내 그 꿈을 이루었다. 하지만 여기서 끝이 아니다. 또다시 새로운 꿈을 꾸고, 실패를 반복하며 도전을 계속해나갈 것이다. 나의 끊임없는 도전의 여정이 많은 사람들에게 희망이 되기를 바란다.